# さらりと返せる、大人のメール表現 334

速い！伝わる！好かれる！
Q&Aで選べるビジネス文例

神垣あゆみ
Ayumi Kamigaki

SoftBank Creative

## まえがき

「大人のメール」とは、どんなメールだと思いますか？　私は「大人のメール＝配慮のあるメール」と考えています。具体的には、こんなメールをイメージしています。

▶すっきりした表現⇒読みやすく、誤解がない
▶結果や相手の気持ちを想定した文面⇒受け入れられる
▶思いやりや気遣いが込められた一言⇒好印象を与える

　一方、実際に仕事でやり取りするメールは、考えれば考えるほど細部が気になり、書くのに時間がかかってしまうもの。特にトラブルが起こったり、相手との関係がこじれたりしたときほど、適切なメールを書くのに時間を要します。
　しかし、「こういう場面ではこういう書き方」という「大人のメール」のパターンや考え方を知っておけば、悩むことなく対処できるのです。その効用は、

◎無駄に悩む時間が減って、仕事がはかどる
◎的を射た表現で、何度もやり取りする無駄がなくなる
◎好印象が残り、仕事自体がスムーズに回っていく

など、さまざまです。
　そんなメリットいっぱいのメールがすぐに書けるよう、本書では、8,000人以上のメールマガジン読者の声を元に、「こんなとき、どのようにメールを書けばいいの？」という80の疑問に答える形で、文例やフレーズを掲載しています。
　ちょっとしたメールを書くのに時間がかかる人、もっと的確で気の利いたメールを書きたいと思っている人へ。「大人のメール」をさらりと返して、仕事の効率アップを図りませんか。

神垣あゆみ

# もくじ

さらりと返せる
大人のメール表現334

まえがき ・・・・・・・・・・・・・・・・・・・・・・・・・・ 002

**One Point Lesson ①** 添える一言を大切に ・・・・・・・・・・・・・・ 008

## 基本の対応 ・・・・・・・・・・・・・・・・・・ 009

**Q1** 相手に強く印象付ける書き方は？ ・・・・・・・・・ 010
**Q2** メールで意識して使うとよい言葉は？・・・・・・・ 012
**Q3** 連絡できないときのメールの書き方は？・・・・・・ 014
**Q4** メールか文書かで迷ったときは？・・・・・・・・・ 016
**Q5** 文をつなぐ「あと」を言いかえるには？・・・・・・ 018
**Q6** 「形になります」は使わない方がいい？ ・・・・・・ 020
**Q7** カタカナ語を使う方がかっこいい？ ・・・・・・・ 022
**One Point Lesson ②** 「コンピューター」か「コンピュータ」か・・・・・・ 024

## 目的別！ 書き方のコツ ・・・・・・・・・・・・・・・ 025

### 書き出したい 026

**Q8** 初めての相手へのメールの書き出しは？・・・・・・ 026
**Q9** 「お世話に〜」の書き出し、どれが適切？ ・・・・・ 028
**Q10** 自分の名前を名乗るのは先か、後か？・・・・・・・ 030
**Q11** メールで自分のことを何と書く？ ・・・・・・・・ 032

---

基本の対応

書き出したい

挨拶したい

返信したい

依頼したい

誘いたい

感謝したい

ほめたい

謝りたい

断りたい

意見したい

催促したい

了承したい

知らせたい

結びたい

間違えやすい敬語

もくじ　003

| Q12 | 相手や自分の職場をどう呼べばいい？ | 034 |
| --- | --- | --- |
| Q13 | 社名にも「さん」付けする方が丁寧？ | 036 |
| Q14 | 社名に「様」を付けるのはどんなとき？ | 038 |
| Q15 | 相手の名前が特定できないときはどうする？ | 040 |

## 挨拶したい　042

| Q16 | 名刺交換後、自分を覚えてもらうには？ | 042 |
| --- | --- | --- |
| Q17 | 担当になったときのうまい挨拶は？ | 044 |
| Q18 | 前任者との違いを伝えたい！ | 046 |

## 返信したい　048

| Q19 | 「ご返事」「お返事」どちらが正しい？ | 048 |
| --- | --- | --- |
| Q20 | 依頼を引き受けるとき、感じよく返信したい | 050 |
| Q21 | 間違いを指摘されたときは？ | 052 |
| Q22 | クレームへスマートに対処するには？ | 054 |
| Q23 | 対応できるかどうか自信がないときは？ | 056 |
| Q24 | 対応できない場合の返答の仕方は？ | 058 |
| Q25 | 「どうしたらいいか」を聞きたいときは？ | 060 |
| Q26 | 即答できないときはどうする？ | 062 |
| Q27 | メールには、いちいち返信しない方がいい？ | 064 |
| Q28 | 続くメールのやり取りを終わらせるには？ | 066 |
| Q29 | 上司に伝える旨を相手に知らせるには？ | 068 |

## 依頼したい　070

| Q30 | 打診するときの定番フレーズは？ | 070 |
| --- | --- | --- |
| Q31 | 相手に受け入れられやすい頼み方は？ | 072 |

| Q32 | どうしても依頼したい相手を口説くには？ | 074 |
| --- | --- | --- |
| Q33 | 相手にデメリットのある依頼を受けてほしい | 076 |
| Q34 | "押し売り"感のないメールを書くには？ | 078 |
| Q35 | 執筆（取材）依頼の書き方は？ | 080 |

## 誘いたい　082

| Q36 | 目上の相手を誘うには？ | 082 |
| --- | --- | --- |
| Q37 | 上司に「ゴルフをしますか？」と尋ねたい | 084 |
| Q38 | 残席のあるイベントへの参加を勧めるには？ | 086 |

## 感謝したい　088

| Q39 | 手助けしてもらったとき、感謝を伝えるには？ | 088 |
| --- | --- | --- |
| Q40 | 贈り物に対するお礼のメールの書き方は？ | 090 |
| Q41 | 目上の相手に「ご苦労さま」は失礼？ | 092 |
| Q42 | 目上の人に世話をかけてしまったときは？ | 094 |
| Q43 | 「助かりました」は失礼？ | 096 |

## ほめたい　098

| Q44 | 職場の人に「さすが」と言いたいのだが | 098 |
| --- | --- | --- |
| Q45 | 目上の人を「ほめる」のは失礼？ | 100 |
| Q46 | 「うまい」「すごい」以外のほめ方は？ | 102 |

## 謝りたい　104

| Q47 | 「忘れてました」に代わる言葉は？ | 104 |
| --- | --- | --- |
| Q48 | お詫びするとき、感じのよい表現は？ | 106 |
| Q49 | 間違ってメールを送ったときは？ | 108 |

― 基本の対応
― 書き出したい
― 挨拶したい
― 返信したい
― 依頼したい
― 誘いたい
― 感謝したい
― ほめたい
― 謝りたい
― 断りたい
― 意見したい
― 催促したい
― 了承したい
― 知らせたい
― 結びたい
― 間違えやすい敬語

## 断りたい　110

- **Q50** 急な依頼の上手な断り方は？ …… 110
- **Q51** 断りにくい誘いを上手に断るには？ …… 112
- **Q52** 贈答品を断るときのメールは？ …… 114

## 意見したい　116

- **Q53** 相手の間違いを上手に正すには？ …… 116
- **Q54** 反論・異論があるときの書き方は？ …… 118
- **Q55** 行き違いや誤解を伝えたいときは？ …… 120

## 催促したい　122

- **Q56** 送金を催促するには？ …… 122
- **Q57** 対応を催促するには？ …… 124
- **Q58** 相手からの返信を促すには？ …… 126

## 了承したい　128

- **Q59** 「構いません」は上から目線の言葉？ …… 128
- **Q60** 「その内容でよい」と伝えるには？ …… 130
- **Q61** 送る・受け取るときの定番フレーズは？ …… 132

## 知らせたい　134

- **Q62** 退職をメールで知らせるときの注意点は？ …… 134
- **Q63** 異動を知らせる際、失敗しないためには？ …… 136
- **Q64** 不在であることを知らせるには？ …… 138

## 結びたい　140

- **Q65** 結びの定番フレーズは？ ……… 140
- **Q66** 「お礼まで」と結ぶのは略式？ ……… 142
- **Q67** 「取り急ぎ〜まで」は失礼ではない？ ……… 144
- **Q68** 社外向けのメールに「以上」は適切？ ……… 146
- **Q69** 「〜たく」で終わる文章は失礼？ ……… 148
- **Q70** 「よろしくお願いします」を連発しない方法は？ ……… 150
- **Q71** やり取りの最後に送るメールを結ぶには？ ……… 152
- **One Point Lesson③** 「ください」に代わる結びの表現 ……… 154

## 間違えやすい敬語 ……… 155

- **Q72** 敬語「くださる」「いただく」の違いは？ ……… 156
- **Q73** 「いたします」よりも「させていただきます」？ ……… 158
- **Q74** 「ご質問」「ご依頼」は正しい？ ……… 160
- **Q75** 「お休みをいただいております」はおかしい？ ……… 162
- **Q76** 「ご」や「お」は続けて使わない方がいい？ ……… 164
- **Q77** 「拝見させていただきました」は正しい？ ……… 166
- **Q78** 「おっしゃられる」という敬語は間違い？ ……… 168
- **Q79** 「お待ちしてください」は間違った敬語？ ……… 170
- **Q80** 「されてください」という敬語は間違っている？ ……… 172
- **One Point Lesson④** よく使う敬語を再確認 ……… 174

あとがき ……… 175

## One Point Lesson ①

# 添える一言を大切に

　毎日、メールのやり取りをしていて、よく使うフレーズがありますよね。それらを日本語入力システム（Microsoft IME など）の辞書に登録したり、お決まりの文面をフォーマット化し、自分用の文例集としてまとめると便利です。

　ただ、ビジネス文例集を丸写ししただけの文章は読む側にもそれと分かることがあります。実際、型どおりの文面は冷たく感じられることもあり、味気ないものです。

　ある程度パターン化した文章でも気持ちを伝える一言を添えると、たちまちメール全体の印象が和らぎ、血の通ったメールとして相手の心に届きます。

　例えば、お礼や感謝の気持ちを伝えるときに使う「ありがとうございます」。「すみません」より「ありがとうございます」の方がずっと気持ちに響くことを本書でも後述していますが、この「ありがとうございます」に「おかげさまで」の一言を添えると、さらに感じがよくなります。

▶資料や確認の催促メールを依頼した相手に

「早急にご対応いただき、**ありがとうございます**。
**おかげさまで**期限に間にあいました」

▶間違いの指摘やアドバイスをもらった相手に

「ご指摘いただき、**ありがとうございました**。
○○さんにお知らせいただいた**おかげで**、
間違いに気づくことができました」

といった具合です。

「おかげさまで」「おかげで」には、相手の行為や気遣いにより自分が救われたり、プラスの効用があったことを伝える気持ちが込められています。

　自分一人では仕事は回っていきません。必ず、誰かの支えや配慮があるからこそ、次のステップへ進めることを思い出させてくれる言葉が「おかげさまで」でもあるのです。

# 基本の対応

# Q1 相手に強く印象付ける書き方は？

**A 解答**
「メリット→打ち消し→デメリット」より、「デメリット→打ち消し→メリット」の順で書く方がメリットが強調され、強く印象に残ります。

### 基本文例

弊社は○○県の山間部にある中小企業ですが、 ・・・・・デメリット
△△に特化した専門技術があり、 ・・・・・メリット
世界的な大企業と取引があります。 ・・・・・メリット

## Point

相手にとってのデメリットやマイナス要因を先に述べることで、「しかし、それを上回るこんな魅力があります」と、後で述べるメリットやプラスの要素が際立つ効果が得られます。
この場合、相手に自社をアピールする際のメリットとデメリットは以下の通りです。

・デメリット：地方の山間部にある中小企業
・メリット：特化した専門技術があり、世界的な大企業と取引の実績がある

「デメリット→打ち消し→メリット」の公式に当てはめると、「交通の便の悪い一地方都市の企業だが、世界に認められた専門技術がある」点をアピールできます。

### NGフレーズ

弊社は△△に特化した専門技術があり、 ・・・・・メリット
世界的な大企業と取引がありますが、 ・・・・・打ち消し
○○県の山間部にある中小企業です。 ・・・・・デメリット

「メリット→打ち消し→デメリット」の文章は、デメリットがより強調されるため、アピール力が弱まります。

> **応用フレーズ**
>
> ### この製品は高額<u>ですが</u>、それだけ高精度で機能が充実しています。

商品をアピールする際も、「高額」という相手にとってのデメリットを「ですが」によって打ち消すことで、「高精度で機能が充実」という性能面のメリットを強調できる効果が得られます。

> **応用フレーズ**
>
> ### 彼は営業力が弱い<u>が</u>、素晴らしい技術を持っている。

人物を評するときも、マイナス要素である「営業力の弱さ」を先に述べ、「が」で打ち消すことで「素晴らしい技術を持っている」というプラス要素を際立たせることができます。

> **応用フレーズ**
>
> ### 目を引くデザイン<u>ではありませんが</u>、性能は安定しています。

「安定した性能ですが、目を引くデザインではありません」と書くと、アピールポイントである「安定した性能」が「〜ですが」で打ち消されてしまいます。「目を引くデザインではない（つまり地味である）」ことを先に挙げて打ち消すことで「安定した性能」という特徴が強調されます。

---

**コラム　言い方一つで不利な条件も跳ね返せる！**

　面接などで、自分には不利な情報を先に述べても、それに代わるアピールポイントがあれば、巻き返せる可能性があります。
　例えば、転職先に選んだ編集プロダクションの求人条件は「大卒以上」。でも、「私は短大卒ですが、コピーライターの実務経験が4年あります」とハローワークの担当者から転職先に照会してもらい、採用試験を受ける資格を与えられ、最終的に再就職を果たした…。これは私が転職したときの体験談です。
　条件が合わない、スキルがないと諦めず、それに代わる何かを考え、自分の強みとしてポジティブにアピールしましょう。

# Q2 メールで意識して使うとよい言葉は？

**A 解答**
メールでは「～ください」が命令調で威圧的に感じられることがあるので、その点を和らげるために意識的に使うとよいのが、「お願いいたします」です。

### 基本文例

現在、ご加入いただいているご契約内容を
添付の「ご契約内容確認シート」に記載して
おりますので、ご確認を<u>お願いいたします</u>。

## Point

「～（して）ください」という表現は、話し言葉で使う場合は気にならないのですが、メールの場合だと命令調に感じることがあります。中でも、ビジネスメールでよく使われる「ご確認ください」は、下記のいずれかの形に書きかえると、和らいだ表現になります。

- 「ご確認をお願いいたします」という依頼形
- 「ご確認いただけますか」という疑問形

### NGフレーズ
**お申し込み前に、下記の注意事項を<u>ご一読ください</u>。**

相手にお願いする場合、「～ください」でも済みますが、「～をお願いします」の方が相手に好印象を与えます。この場合は「ご一読をお願いします」が適切。

### NGフレーズ
**お手数をかけて恐縮ですが、再度、<u>ご確認願います</u>。**

「ご確認を」の「を」を省いても意味は通じますが、「ご確認を」と文中に「を」を入れる方が文章として丁寧な印象を与えます。「願います」も同様で、「お願いします」とする方が丁寧です。

### 応用フレーズ
**上記の点を修正のうえ、再度お送りいただけますか。**

「お願いします」が依頼形のフレーズに対し、「〜いただけますか」と疑問形で呼びかける表現も「〜してください」より和らいだ印象を与えます。

### 応用フレーズ
**遠慮なくご意見をいただければと存じます。**

強制力のない「お願い」であればなおさら、「〜ください」という表現はそぐいません。「〜いただければと存じ（思い）ます」「〜いただけるとありがたいです」など、婉曲な表現を心がけましょう。

### 応用フレーズ
**ご質問などがございましたら**
**弊社広報室までご連絡をお願い申しあげます。**

「〜をお願いします」をより丁寧に表現したフレーズが「〜をお願い申しあげます」です。社外向けのメールに意識して使うようにするとよいでしょう。下記の例では、下に行くほど丁寧な表現になります。

- ・〜してください　　　　　……　丁寧
- ・〜をお願いします
- ・〜をお願いいたします
- ・〜をお願い申しあげます　……　最も丁寧

---

#### コラム　メールに表れる姿勢

　仕事でメールを使うことが多い人ほど、言葉遣いや文章の組み立てに気を遣っているケースが多いと感じます。
　自分自身のメールの書き方について「これでいいのだろうか」「間違ってはいないだろうか」と日ごろから気を配っている人ほど、文面が謙虚です。常に「よりよい書き方」を意識しているからこそ、結果的に配慮のあるメールになるのかもしれません。
　メールの文面にその人の姿勢が表れるように思います。

# Q3 連絡できないときのメールの書き方は？

**A 解答**
これから移動や外出をする、あるいは会議や打ち合わせが間もなく始まるというとき、あらかじめその旨をメールで伝えておくと、相手はその間、対応や作業ができます。

### 基本文例

① これから外出しますが、② 16時には帰社します。
それまでに下記の内容を
③ ご確認いただけますと幸いです。

## Point-1
① パソコンの前にいない、あるいはメールチェックができない状況になることを事前に知らせます。

## Point-2
② メール対応が可能となる時間を伝えておくと、相手もその時間までの対応や作業の予定が立ちます。

## Point-3
③ 外出や打ち合わせに入る前に、依頼したい作業や対応を伝えておくと、次に連絡が取れるようになるまでに何らかの手が打てます。

### NGフレーズ
**これから外出するので、16時まで戻れません。**

「16時まで戻れない」と否定的にではなく、「16時には戻っています」と肯定的に表現すると「次に何をするか」「次にどうすべきか」と前向きな対応を考えることができます。同じことを伝えるのでも否定表現より肯定表現の方が物事が前に進みやすくなります。

**応用フレーズ**

**これから現地に出発しますので、
次にメールをチェックできるのは
到着後の17時以降の予定です。**

連絡を要する相手には、連絡が取れなくなる前に連絡が可能となる時間帯を具体的に伝えておきます。

**応用フレーズ**

**明日、出張から戻りますので
本日中にご提出いただければ
戻り次第、対応いたします。**

不在にする期間、その間に進めておいてほしい用件、その後の対応を事前に相手に知らせておくことで、ロスを防ぐことができます。

**応用フレーズ**

**あいにく終日、不在にしております。
お急ぎの用件がございましたら、
弊社の鈴木にお電話いただけますと幸いです。**

不在中に緊急の問い合わせがある場合にも対応できるよう、自分の代理で対応可能な者の名前や連絡方法を相手に伝えておきます。

---

### コラム　　連絡できない状況での段取りを考える

　以前、打ち合わせ中でも携帯電話の電源をオンにして、電話がかかるやいなや、その場で別の客先と話し始めた営業マンと同席したことがあり、驚いたことがあります。仕事とはいえ、どんなときも携帯電話に出なければいけないのでしょうか。

　携帯電話やノートパソコンを持って移動していても、それが使えない時間や状況は発生します。

　携帯電話に連絡が入れば、すぐに返答することも大切ですが、連絡ができない状況で、どう段取りし対処するか、智恵を働かせるのも大事なこと。仕事の対応力はそんな点からも試されています。

# Q4 メールか文書かで迷ったときは?

**A 解答**
メールは、正式な文書や手紙に比べると略儀にあたりますが、即時の伝達が可能。早く伝えたい場合はメールを、きちんと改まった形で気持ちや用件を伝える場合は文書で、と使い分けましょう。

### 基本文例

① <u>メールでは失礼かと思いましたが、</u>
このたびお願いしたい内容や意図を
<u>ご理解いただきやすいかと考え、</u>
② <u>あえてメールにてご連絡いたしました。</u>

## Point-1
① メールは略儀であることを踏まえたうえで、メールで伝える非礼を詫びるフレーズ。

## Point-2
② 本来なら対面や電話で伝えるべきところを、あえてメールで連絡した理由を伝えます。
　対面や電話で連絡できないときなど、取り急ぎ概要をメールで伝え、相手に目を通してもらってから、改めて連絡するというのも一つの方法です。

### NGフレーズ

**本日2回ほどお電話をさしあげておりましたが、
<u>ご連絡いただけなかったので、</u>メールにて失礼します。**

「ご連絡いただけなかったので」と相手を責めるような表現は反感を買います。この場合は「ご連絡が取れなかったので」とする方が適切です。「お電話をさしあげておりましたが」も「お電話いたしましたところ」の方がよいでしょう。

### 応用フレーズ

**メールでのご連絡となり、恐縮ですが、
このたびお願いしたい内容や意図をお伝えしたく
取り急ぎメールにて概要をお知らせいたします。**

対面や電話での申し入れがかなわない場合は、メールを使って「先に概要だけお知らせしておきたい」という意図を伝えます。

### 応用フレーズ

**本来なら、お伺いしてお願いすべきところ
メールにてお伝えする失礼をお許しください。**

正式には足を運んで、相手にお願いすべきところをメールで連絡する場合に使う一文。あえてメールで用件を伝えるような場合に、一言添えて本題に入るようにすると、好ましい表現になります。

---

### コラム　「メールは略儀」であることを忘れずに！

　早く簡単に伝達できる点で優れているメールですが、正式な申し入れや重要な内容をやり取りするには、その簡易さゆえに「略式」「略儀」な感がぬぐえません。相手への礼を尽くした正式な伝達方法を順に挙げていくと、
　①対面
　②文書（手紙も含む）
　③電話
　④メール
となるのではないでしょうか。
　ビジネスの場では、とかくスピードと効率が求められるため、多くの伝達がメールで行われていますが、初めての相手にお願い事をするようなとき、退職や転職の挨拶などは、きちんと相手のところへ足を運び、対面して行うのが本来のマナーです。「メールは略儀」であることを常に意識して対応するようにしたいですね。

# Q5 文をつなぐ「あと」を言いかえるには?

**A 解答**
文を追加するとき、「あと」でつなげるのは、少々くだけすぎていて子どもっぽい印象を与えます。「そのほかに」を使うと、収まりがよくなります。

### 基本文例

希望する職種は営業です。
<u>そのほかに</u>、企画にも興味があります。

## Point

前文に続けて一文を追加したい場合、口語的すぎる「あと」に代わる書き言葉が「そのほかに」。後に続く文章によっては「併せて」などもビジネスメールにふさわしい接続詞です。

### NGフレーズ

<u>あと</u>、○○についても確認してみてもらえますか?

「あと」は、「なので」と並び、メールでも見かけるようになった口語調のカジュアルな表現です。しかし、社会人が使うフレーズとしては稚拙な印象があります。この場合、「併せて、○○についてもご確認いただけますか?」とする方がビジネスメールとしては好ましいでしょう。

### NGフレーズ

Aをお願いします。<u>あと</u>、Bもしてください。
<u>それと</u>、Cもお願いします。

「あと」は口語的な表現です。加えて「それと」など似た言葉を続けて使うと、まとまりがなく、分かりにくい文面になります。「以下、3点についてお願いいたします」と書いてから、それぞれの内容を順序立てて提示しましょう。

### 応用フレーズ

**Aについては確認済みです。
そのほかに確認することがあれば、お知らせください。**

「あと」に代わる表現としては「そのほかに」が挙げられます。前文に対し、追加する内容がある場合に使うフレーズです。

### 応用フレーズ

**お送りいただきたい資料は以上です。
併せて、Aの見本もお送りいただけますか。**

上記の「そのほかに」以外に、追加を意味する「併せて」という表現もあります。上記の例文では「資料と一緒にAの見本も送ってください」という意味合いがあります。

### 応用フレーズ

**上記の件に加えて、さらに1点疑問に感じたのが
○○の対処の方法についてです。**

前述の文に追加して述べたいことがある場合、「上記の件に加えて、さらに1点」のように順序立てて整理しながら述べると、分かりやすくなります。

---

### コラム　子どもっぽい表現

「休日は釣りとかやってます」
「私とかが行ってもいんですか？」
「山田さんとかも参加されるらしいです」

　断定を避け、あいまいにするために語の後に付ける「とか」。これも会話でよく耳にする表現です。言い切らず、意味をぼかすときに使われています。

　書き言葉にまで、やたらと語尾に「とか」を付けて乱用すると、相手に伝えたい意図がうまく伝わらず、誤解の元になります。「あと」や「とか」は親しい相手や仲間内には通じても、ビジネスの場では失笑を買うだけです。

# Q6

## 「形になります」は使わない方がいい?

**A 解答**
「形になります」は、接客用語として多く見られる言葉ですが、なくても意味は通じます。使わない方が文がすっきりします。

### 基本文例

> このたびお問い合わせいただいた○○は
> ①1週間ほど次の入荷までお待ちいただくことになりますが、
> よろしいでしょうか。②

## Point-1

① 問い合わせのあった商品の入荷に時間がかかる場合、「どの程度まで待つ必要があるか」を具体的に提示すると親切。日数や時間で提示できない場合は「少々」としてもよいでしょう。

## Point-2

② 「お待ちいただく形になります」ではなく、「お待ちいただくことになります」。また、そこで言い切らず「よろしいでしょうか」と問いかけると、和らいだ印象の一文になります。打診の仕方としては、「お問い合わせいただいた○○の入荷は約1週間後になりますが、お待ちいただいてもよろしいでしょうか」という書き方もあります。

### NGフレーズ

> 次の入荷まで1週間ほどお待ちいただく形になりますが…。

「〜いただく形になります」は一見、丁寧に見えて、特に意味をなさない表現。「お待ちいただくことになります」とする方がすっきりします。「なりますが…」と文末を濁す表現もあいまいで中途半端な印象を与えます。

**応用フレーズ**

**営利目的で出展される場合は
出展費用が必要となりますので、
ご検討をお願いいたします。**

営利目的で出展する場合に出展費用がかかることを伝えるときも「出展費用をご負担いただく形になりますので」という表現はNG。「出展費用が必要となりますので」ですっきりまとまります。

**応用フレーズ**

**工事料金については工事当日に直接、
業者にお支払いをお願い申しあげます。**

工事業者へ当日、直接支払いをしてもらう場合は、「業者にお支払いいただく形となります」ではなく、「〜をお願い申しあげます」または「〜をお願いいたします」という依頼のフレーズを使います。

---

### コラム　表現のぜい肉にご用心！

「形になります」と同じような使われ方をしている言葉が「〜のほう」です。
「お名前のほう、お知らせいただけますか？」
「商品のほう、本日お送りしました」
「代金のほうは2500円になります」
「〜のほう」は「を」や「は」で言いかえると、話し言葉としても書き言葉としてもすっきりします。
「ほう」は本来、指し示したい対象があいまいである場合、もしくは複数あるものの中の一つについて言及したい場合に使う言葉です。しかし、今回挙げた「〜のほう」は、言葉自体には特に意味がなく、言ってみれば、表現のぜい肉に相当するもの。「形になります」についても同様です。

　特に接客時の会話で一度使い始めると習慣化してしまい、何となく惰性で使うことになるケースが多く見られるので、気づいた時点で改めたい表現です。

---

基本の対応

書き出したい
挨拶したい
返信したい
依頼したい
誘いたい
感謝したい
ほめたい
謝りたい
断りたい
意見したい
催促したい
了承したい
知らせたい
結びたい
間違えやすい敬語

## Q7 カタカナ語を使う方がかっこいい?

**A 解答** カタカナ語や外来語は見た目も響きもかっこよく感じられますが、多用すると結局、何が言いたいのか分かりにくくなります。

### 基本文例

弊社では、30年にわたるノウハウと経験をもとに
<u>システム構築による経営問題の解決策</u>を
数多くの企業に提供してまいりました。

グループ各社や業務提携先の製品・サービスを組み合わせ、
お客様にとって最も効率的で効果のある業務システムを
ご提案いたします。

### Point

「システム構築による経営問題の解決策」は「ソリューション」と言いかえることもできますが、意味を把握しないまま感覚的に使っていると言葉だけが上滑りして、相手に届きません。まずは言葉の意味をきちんと理解し、日本語で書きかえられるかが重要です。

### NGフレーズ

弊社では、30年にわたる長年のノウハウと経験を<u>ベース</u>に
数多くの<u>ソリューション</u>を提供。
グループ各社や<u>アライアンスパートナー</u>の
製品・サービスを組み合わせ、
お客様にとっての<u>ベストプラクティス</u>をご提供いたします。

カタカナ語や外来語、専門用語を多用すると意味が分かりづらくなるので、文章全体のバランスを考え、強調したい部分だけに絞って使うと効果的です。上記例文のカタカナ語は次のように書きかえることができます。

- ベースに⇒もとに
- アライアンスパートナー⇒業務提携先
- ベストプラクティス⇒最も効率的なシステム

**応用フレーズ**

### 部署間のコミュニケーションがとれていないことが今回のトラブルの原因ではないでしょうか。

異なる立場の人が、何らかの手段によって意思の疎通を図るフレーズが「コミュニケーション（communication）をとる・図る」です。「コミニュケーション」ではないので注意を。

**応用フレーズ**

### これまでのキャリアが認められ、新しい勤務先では、広報部門のリーダーを務めることになりました。

カタカナ用語は、長音符号「ー」が付くと意味が変わってくるものがあります。キャリア（career）は「職業的経験」を意味しますが、長音符号「ー」が付くキャリアー（carrier）は「運搬人、保菌者」を意味し「B型肝炎ウイルスのキャリアー」のように使います。

---

## コラム　間違いやすい外来語

「コミュニケーション（communication）」のように、音（おん）の捉え方が微妙で誤りやすい外来語としては、下記があります。
- シュミレーション⇒シミュレーション（simulation）
- エンターテイメント⇒エンターテインメント（entertainment）
- レクレーション⇒レクリエーション（recreation）

また、「キャリア」と「キャリアー」のように長音符号「ー」で表す場合とそうでない場合で意味が違ってくる言葉には、下記があります。
- ボーリング（掘削：boring）とボウリング（球技：bowling）
- モラール（士気：morale）とモラル（道徳：moral）

カタカナで書くときに迷ったら、英語など原語のつづりを確認してみるとよいでしょう。

**One Point Lesson ②**

# 「コンピューター」か「コンピュータ」か

「コンピューター」？ それとも「コンピュータ」？ あなたはどちらを使っていますか。

「朝日新聞の用語の手引」「共同通信社　記者ハンドブック」では「コンピューター」、JIS規格では「コンピュータ」で表記が統一されています。

内閣告示の「外来語の表記」には、「長音は、原則として長音符号『ー』を用いて書く」とありますが、「英語の語末の-er、-or、-arなどにあたるものは、原則としてア列の長音とし長音符号『ー』を用いて書き表す」とあり、「慣用に応じて『ー』を省くことができる」とも。

つまり、原則としては「コンピューター」としながらも「コンピュータ」という表記も慣用に従い「あり」と示しています。

同様の例としては、「エレベーター」と「エレベータ」、「サーバー」と「サーバ」、「ユーザー」と「ユーザ」などが挙げられます。

これらはどちらが正しいということではなく、表記する際にどちらに統一するか、がポイントです。

「コンピューター」の表記も一般に新聞、雑誌などでは内閣告示に拠り「コンピューター」とし、技術系の業界誌などではJISに準拠し「コンピュータ」と表記する傾向にありました。最近では、マイクロソフトがWindows 7などに長音表記を多数採用したため、「コンピューター」という表記が増えるかもしれません。

もともと外国の言葉をカタカナ書きに置きかえているわけですから、どこか不自然なのは否めません。音の捉え方や解釈の違いにより、外来語の表記の基準そのものが「ゆれ」ているのです。

心がけるべきは、同じ社内で制作する文書や同一の人が出すメールの中で、統一して表記すること。どちらが正しいというより、どちらを使い続けるか。基準を決めたら、最後まで通して使い切ることです。

# 目的別！書き方のコツ

- 基本の対応
- 書き出したい
- 挨拶したい
- 返信したい
- 依頼したい
- 誘いたい
- 感謝したい
- ほめたい
- 謝りたい
- 断りたい
- 意見したい
- 催促したい
- 了承したい
- 知らせたい
- 結びたい
- 間違えやすい敬語

## Q8 初めての相手へのメールの書き出しは?

**A 解答**
初めてメールを送信する相手への書き出しには、「初めまして」「初めてご連絡いたします」のほかに、「このたびはお世話になります」もあります。

### 基本文例

初めてご連絡いたします。①
私は、○○株式会社の佐藤と申します。②

今回、貴社のWebサイトを拝見し、③
お尋ねしたいことがあり、ご連絡した次第です。③

## Point-1
①初めての相手へのメールの書き出しは「初めまして」が定番ですが、「初めてご連絡いたします」とすると、より丁寧な印象を与えます。

## Point-2
②書き出しの挨拶の後、自分の名を名乗ります。

## Point-3
③どのように相手の連絡先(メールアドレス)を知り、なぜ連絡をしたかという理由を述べます。この点を押さえることで、相手は不信感を抱くことなく読み進む気持ちになります。

### NGフレーズ
**このたびは突然にメールをお送りしましたこと、心よりお詫び申しあげます。**

いきなりお詫びをするより、まずは名を名乗り、メールアドレスを知った経緯やメールを送るにいたった理由を述べる方が相手は安心します。

**応用フレーズ**

**突然、メールをお送りして失礼いたします。
メールマガジンで、鈴木様のことを知りました。
私は株式会社△△の代表、高橋と申します。**

見知らぬ相手からの突然のメールには「なぜ、自分のメールアドレスを知ったのだろう？」と警戒心を抱くものです。「なぜ」に対する理由を明らかにすることで、不信感もなくなります。

**応用フレーズ**

**初めまして。
私は、○○株式会社で営業を担当しております
佐藤と申します。

△△産業の鈴木様からご紹介をいただき、
ご連絡いたしました。**

自分の名を名乗る際、社名、所属部署、自分が担当している仕事内容などを簡潔に述べます。くどくどと書く必要はなく、メールの用件に関連する範囲内で相手に自分が何者かが伝われば十分です。

---

### コラム　定番フレーズに言葉を添えて変化を付ける

　表現の工夫は、目を引く言葉を使ったり、斬新な言い回しをしたりすることばかりとは限りません。よく使う言葉に別の言葉を添えて、その時々で変化を付けるだけでも印象が変わるものです。服装でいえば、定番の一着にコーディネートで変化を付けて着まわす感覚と似ています。

　例えば、「いつもお世話になります」という定番フレーズの「いつも」を「このたびは」に変えるだけで、初めての相手への書き出しの挨拶になります。

　同じ意味の言葉を表現を変えて使うのも一つの方法です。「定番フレーズ」は「決まり文句」「常套句」と言いかえができます。同じ表現が繰り返されるとくどく感じられることもあるので、このように別の表現に言いかえたら…と常に意識しておくと言葉のストックが増え、文章に変化が付けられます。

---

基本の対応
書き出したい
挨拶したい
返信したい
依頼したい
誘いたい
感謝したい
ほめたい
謝りたい
断りたい
意見したい
催促したい
了承したい
知らせたい
結びたい
間違えやすい敬語

目的別! 書き方のコツ

# Q9

## 「お世話に〜」の書き出し、どれが適切?

**A 解答**
「お世話になっております」「お世話になります」は客先に対して使えるフレーズですが、「お世話さまです」は立場が上の人から下の人に向けてかける言葉なので、客先に対して使うのは不適切です。

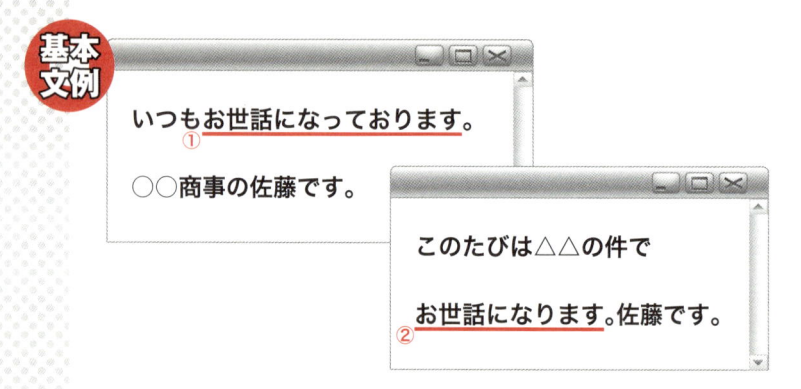

**基本文例**

いつもお世話になっております。
①

○○商事の佐藤です。

このたびは△△の件で

お世話になります。佐藤です。
②

## Point-1

①通常使われる、日ごろお世話になっている相手への感謝の気持ちを表すフレーズが「お世話になっております」です。客先など、立場が上の人に対して使う一言でもあります。

## Point-2

②実際のビジネスシーンでは、どんな相手に対しても「お世話になります」が使われていますが、厳密には、これからお世話になる相手への挨拶にふさわしいフレーズだと考えられます。例文のように「△△の件で」と特定した事柄について世話になる場合に使うこともできます。

**NGフレーズ**

初めまして。**お世話になっております。**

まだお世話になったことのない、初めてメールを送る相手に「お世話になっております」を使うのは不自然です。

## NGフレーズ

### いつもお世話さまでございます。

「お世話さま」は「ご苦労さま」と同じ意味合いを持つフレーズなので、客先や上司に対して使うのは不適切。「お」や「さま」を使っているからといって敬語にはなりません。

## 応用フレーズ

### お世話さまです。佐藤です。

日ごろの感謝を表す以外に、仕事を頼んだり、自分に対して何かしてくれたりした相手に対してかける言葉が「お世話さま」です。
立場が上の人から下の人に対して「ご苦労さま」という意味合いで用いられる言葉なので、客先や上司に対して使うのは避けましょう。

## 応用フレーズ

### ○○の件ではお世話をおかけしますが、どうぞよろしくお願いいたします。

世話は目上の者が目下の者にかけるもの。目上の相手に感謝の意を伝える場合は「お世話をおかけします」が適切です。

## 応用フレーズ

### こちらこそお世話になっております。

「お世話になっております」という相手からのメールに対する返信としては、文の初めに「こちらこそ」を付けて「私の方こそいつもお世話になり、ありがとうございます」という意を伝えます。

## 応用フレーズ

### 長い間、佐藤様には本当にお世話になりました。

長期の仕事が終了したり、1年を振り返り挨拶するとき、あるいは相手の手を煩わせたときなどに感謝の意を伝えるフレーズが「お世話になりました」です。シーンに合わせて現在形か過去形か、使い分けを考えましょう。

---

基本の対応
書き出したい
挨拶したい
返信したい
依頼したい
誘いたい
感謝したい
ほめたい
謝りたい
断りたい
意見したい
催促したい
了承したい
知らせたい
結びたい
間違えやすい敬語

目的別! 書き方のコツ

# Q10 自分の名前を名乗るのは先か、後か?

**A 解答** 自分の名前をメール冒頭で名乗るか、後にするかは相手によって変わります。社外の相手か、社内の相手かによっても違ってきます。

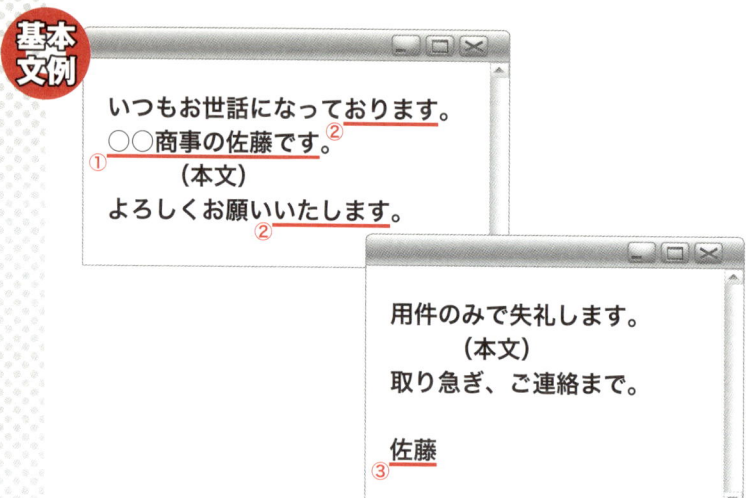

### 基本文例

```
いつもお世話になっております。
①○○商事の佐藤です。②
   (本文)
よろしくお願いいたします。②
```

```
用件のみで失礼します。
   (本文)
取り急ぎ、ご連絡まで。

佐藤
③
```

## Point-1
① 「挨拶→名前」という、社外向けの書き出しの基本パターン。冒頭で名乗ることで、万一、送信ミスで別の相手にメールが送られた場合も間違いと分かりやすくなります。メールに相手の名を明記するのも同じ理由によるものです。

## Point-2
② 社外向けを意識すると、個々の定番フレーズも「おります」「です」「いたします」と丁寧な表現になります。

## Point-3
③ 「本文→名前」というパターンは、主に社内や名乗るまでもない懇意な相手向けが適切でしょう。いきなり用件から入っても差し障りのない相手に対して用いることができます。

**応用フレーズ**

<u>営業部の</u>佐藤です。
○○プロジェクトの進捗をご報告いたします。

社内向けのメールでも、部署が異なる相手にメールで連絡するような場合は、部署名を明記しておくとよいでしょう。

**応用フレーズ**

いつもお世話になっております。
私は○○の秘書の佐藤と申します。
<u>○○に代わり、</u>ご連絡申しあげます。

上司の代理でメールを送信する場合も「誰の代理でメールをしているか」をメールの冒頭で明らかにしておきます。
上司が相手に「社の者からファイルを送らせます」と伝えているような場合でも、直接本人からではない旨を知らせるために、どこの会社の、誰であるかを最初に述べておきましょう。

---

### コラム　名無しの感想メール

　私は「仕事美人のメール作法」というメールマガジンを発行していますが、読者からたまに名無しの感想メールが届きます。
　必要以上に個人情報を明かしたくないという気持ちの表れだと思うのですが、名前もハンドルネームもなく送られてくるメールには正直、困惑します。
　メールの「差出人」名で自分の名前は分かるから…という油断は禁物。特に、姓だけ、名前だけの差出人名、あるいは英文字表記の差出人名だけだと、他人と間違われたり、迷惑メールだと思われる可能性もあるので注意を！
　メール本文にも差出人欄にも名前がないメールは、受け取る側からすると即座に誰からのメールか判別できないので処理が後回しになりやすいものです。
　返信するときに、私は必ず相手の名前を冒頭に書くので、名無しのメールだとそれができないのも気分がすっきりしません。
　逆に、きちんと名乗った読者からのメールは記憶に残り、久しぶりに届いたメールでも、すぐに思い出すことができます。

# Q11 メールで自分のことを何と書く？

**A 解答** 基本は「私」「わたくし」「当方」。複数になると「私ども」「わたくしども」です。

### 基本文例

> ① <u>私</u>は、株式会社○○で広報を担当しております佐藤と申します。
> （中略）
> ② <u>私ども</u>は、△△や□□も取り扱っております。
> ご不明な点がございましたら、
> ③ <u>当方</u>までお気軽にお問い合わせください。

## Point-1
①最も一般的な自分の呼称が「私」です。

## Point-2
②私個人というより、会社の一員としての自分を指す場合に使う呼称が「私ども」です。相手に対し、へりくだって言うフレーズでもあります。

## Point-3
③自分や自分の会社を指す呼称。「こちら」よりも「当方」が表現として適切です。「当方」に対し、相手のことは「先方」と呼びます。

### NGフレーズ　<u>こちらの都合もあるので</u>

「こちら」、ましてや「こっち」では、ぞんざいな印象を与えます。「当方といたしましても」「当方の都合もございまして」と「当方」に書きかえることで表現も丁寧になります。

### 応用フレーズ

**わたくしは○○株式会社で営業を担当しております佐藤と申します。
（中略）
わたくしどもでは主に△△のサービスを提供しております。**

新聞表記では「私」と書いて「わたくし」と読み、「わたし」は平がな書きにして区別しているようです。ですが、実際は「私＝わたし」として使っていることが多いため、メールで改まった表現をしたい場合は、平がな書きで「わたくし」とする方がよいでしょう。

### 応用フレーズ

**○○につきましては、佐藤までお申し付けください。**

担当者や窓口が自分であることをはっきりと相手に伝えたい場合は、姓を明記します。しかし、多用するとくどくなるので、対象をはっきりさせたいときだけに使います。

### 応用フレーズ

**ご不明な点などございましたら、小職までご連絡ください。**

官職や、役職に就いている人がそれをへりくだって言う場合に自分を指す呼称として「小職」を使うことがありますが、職位がない場合や、社長職の場合はそぐわない言葉でもあります。通常は、「当方」とするのが適切でしょう。

---

### コラム　呼び名を変えるだけで改まった印象に

　改まったメールを書くとき、言葉の使い方を少し変えると印象が変わります。例えば、自分のことをあえて平がなで「わたくし」とすると、相手に対する"改まった"感が出ます。

　相手の名前や社名には「様」を付けます。初めてメールする相手や、他社の名を挙げるような場合に有効です。

　相手と懇意になると「様」のままでは堅苦しいので「さん」に呼び方も変わっていくこともあります。

---

目的別！書き方のコツ

# Q12 自分や相手の職場をどう呼べばいい?

**A 解答** 自分の会社のことを、一般的に「当社」、丁寧なメールでは「弊社」と呼びます。相手の会社のことは、「貴社」と書き、話し言葉なら「御社」とします。

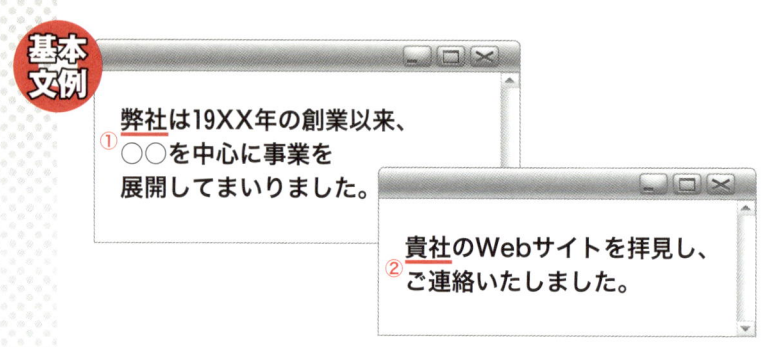

### 基本文例

**弊社は**19XX年の創業以来、
① ○○を中心に事業を
展開してまいりました。

**貴社の**Webサイトを拝見し、
② ご連絡いたしました。

## Point-1
①自分の会社をへりくだって呼ぶときに使う言葉が「弊社」。主に社外向けのメールで自社の呼称として使います。へりくだった呼称としては「小社」もあります。

## Point-2
②相手の会社の呼称は「貴社」「御社」ですが、書き言葉では「貴社」を主に使用します。口頭で「貴社」と言うと、場合によっては「記者」「帰社」と混同するおそれがあるため、話し言葉では「御社」が使われることが多く、それと区別するためです。

### NGフレーズ
**うちは主に○○を取り扱っている商社です。**

自分が所属する会社や組織のことを身内意識から、つい「うち」と書いたり言ったりすることがありますが、ビジネスメールでは適切な表現ではありません。

## NGフレーズ

### そちらはどんな商品を扱っている会社ですか？

書き出しの文章で、相手の会社を指して「そちら」「そっち」と呼ぶのはぞんざいな印象を与え、失礼です。

## 応用フレーズ

### 当行のWebサイトをご覧いただき、ありがとうございます。

自分が勤務しているのが銀行の場合の呼称は「当行」「本行」。相手の勤務先が銀行の場合は「貴行」「御行」と書きます。また、信用金庫なら「貴（御）金庫」、信用組合なら「貴（御）組合」です。

## 応用フレーズ

### 当財団は、平成X年、財団法人○○として設立されました。

自分が勤務している団体名の呼称としては「当財団」「当協会」「当組合」「本会」などがあります。相手の勤務先が団体の場合は「貴（御）財団」「貴（御）協会」「貴（御）組合」「貴（御）会」です。

## 応用フレーズ

### わたくしどもは創立30年を迎える○○メーカーです。

自分が勤務している職場の呼称は、基本的に「わたくしども」として差し支えありません。

---

### コラム　表記にも配慮を

ビジネスメールで会社名を表記するときは、株式会社、有限会社まできちんと記します。メールのやり取りが始まったばかりの時期は特に注意を。

（株）（有）という表記はあくまで略称です。付き合いの程度や内容によっては使用する場合もありますが、正式表記との使い分けは意識しておきましょう。

---

基本の対応

**書き出したい**

挨拶したい

返信したい

依頼したい

誘いたい

感謝したい

ほめたい

謝りたい

断りたい

意見したい

催促したい

了承したい

知らせたい

結びたい

間違えやすい敬語

目的別! 書き方のコツ　035

# Q13

## 社名にも「さん」付けする方が丁寧？

**A 解答**　「さん」というのは人に付ける敬称で、会社や職業に付けるのは不自然です。

### 基本文例

株式会社○○様のご紹介でご連絡いたしました。

## Point

宛名を書く際に社名に付けるのは「御中」ですが、メールの書き出しで他の会社名を挙げる際、敬称として社名に「様」を使うことがあります。

### NGフレーズ

弊社のクライアントさんである
○○株式会社さんからのご紹介で
ご連絡いたしました。

「クライアント」は「仕事の依頼先人、顧客」という意味。ビジネスメールの場合、自社の顧客のことを第三者に述べる際に「さん」付けしなくても、顧客をぞんざいに扱っていることにはなりません。人名の場合は「さん」や「様」を付けなければ呼び捨てになり失礼ですが、社名に「さん」付けしなくても相手に失礼にはなりません。

### NGフレーズ

○○工房のデザイナーさんのご紹介で
貴社のことを知りました。

デザイナーやライターなどの職業名を表記する場合も、通常は「さん」は不要です。

**応用フレーズ**

**弊社の取引先である○○社の佐藤様のご紹介により
ご連絡いたしました。**

社名には「さん」ではなく「社」を付けて表記することもできます。

**応用フレーズ**

**株式会社○○の方々にはお世話になっています。**

社名の呼び捨てに抵抗があるなら、「〜の方々」「〜の皆様」とすることも可能。「総務部の方々」のように、部署名を添えることもあります。

**応用フレーズ**

**○○社デザイナーの佐藤さんのご紹介で
貴社のことを知りました。**

前述したとおり、職業名に「さん」付けするのではなく、もし、使うのであれば「デザイナーの佐藤さん」のように人名を挙げて「さん」を付ける方が好ましいです。

---

### コラム　彼氏さん？ 彼女さん？

呼び捨てにするのは失礼という配慮からか、最近は相手の彼や彼女のことを「彼氏さん」「彼女さん」と表現する風潮があります。「奥様によろしくお伝えください」という使い方と同じ感覚で、彼氏、彼女という言葉にも「さん」を付けるのかもしれませんが、違和感を覚えます。

同様にビジネスメールでも、店舗名や会社名、団体名に「さん」付けする傾向が見受けられます。他社で仕事をする人を「パートさん」「アルバイトさん」と呼ぶのも不自然。「パートタイマーの方」「アルバイトの皆様」などと呼ぶとよいでしょう。第三者に自社のことを伝える際は「当社のパートタイマー」「当社のアルバイト」という表現で差し支えありません。

相手に敬意を表し、丁寧に言おうとするあまり、無用に「さん」付けしていませんか。

# Q14 社名に「様」を付けるのはどんなとき?

**A 解答**
客先や顧客にあたる会社名を第三者に伝える場合は、社名にも「様」を付けると丁寧で感じがよくなります。

### 基本文例

> お世話になっております。佐藤です。
> ○○様の社内報の件でご相談があります。

## Point

通常、会社名に「様」は付けませんが、客先や顧客を別の相手に知らせるような場合は社名にも「様」を付けると丁寧で、その客先や顧客を大切にしている印象を与えます。

上記の例文は、○○社の社内報を印刷する印刷会社宛のメールです。印刷会社とのやり取りでは、社内報を発行する発注元の会社に対し、敬称の「様」を付けます。この場合は「株式会社」「有限会社」などは省略し、社名だけの表記でよいでしょう。

### NGフレーズ
**○○の社内報の件、どうなってますか?**

上記の例文で○○にあたる正式な社名が「株式会社ABC」の場合、「ABC」のように略して書くより「ABC様」とか「ABC社」と表記する方がビジネスメールでは好ましいです。

### NGフレーズ
**うちのお客で、○○という会社があるんですが**

「お客」ではなく「お客様」。この場合「当社のお客様に」「当社の客先に」「当社の顧客に」と書くのが適切です。

> **応用フレーズ**
>
> ## ○○様の社内報原稿を添付します。

メールのやり取りで他社の社名が出てくるような場合、その社名に「様」を付けておきましょう。

メールに限らず添付するデータのファイル名にも「○○様社内報原稿」と表記しておくと、万一、○○社にそのままデータが渡ることになった場合も失礼になりません。

> **応用フレーズ**
>
> ## 初めまして。
> ## ○○商事様のWebサイトを拝見し、
> ## ご連絡いたしました。

初めてのメールであれば、相手の勤務先の呼称を「社名＋様」としてもよいでしょう。職場が企業以外のもので「貴〜」「御〜」に続く言葉が思い浮かばない場合に使うこともできます。

---

### コラム　「お客」という呼び方

「お金」「お知らせ」のように、丁寧な表現をするときに使う「お」。接頭語の「お」は、かつて神や天皇に対して敬意を表す際に使われた言葉でもありました。最高の尊敬を表す「おおみ（大御、おほみ）」が、「おおん（おほむ）」から「おん」、さらに「お」に転じたと言われています。

顧客を指すときに「お客」という表記を目にしますが、丁寧語としては中途半端な気がしてなりません。「お」を付けるのなら「お客様」と「様」も併せて付けて表す方が敬意や丁寧さが感じられます。

一方、「お客様」にあたる人や会社を客観的に総称するような場合は「客」「顧客」としても問題ありません。

「お客」という呼び方は、このどちらにも当てはまらず、すでに記号化されていて、敬意よりもむしろ、ぞんざいな言い方という印象を与えます。

目的別! 書き方のコツ

# Q15 相手の名前が特定できないときはどうする?

**A 解答** 個人名が特定できない場合に使う敬称が「御中」です。会社・官庁・団体や部署などの宛名の後に書き添えます。

### 基本文例

株式会社○○御中

○○株式会社　総務部御中

## Point

個人名が特定されている場合は「様」を使いますが、個人名が分からない場合に限り使う敬称が「御中」です。担当者名が分からなかったり、はっきりしない場合に、官庁、会社、団体宛てに送るときに使います。

### NGフレーズ

株式会社○○　総務部御中
佐藤様

宛先の個人名が分かっている場合は「様」とすればよく、「御中」は不要。「御中」と「様」の併用はありません。

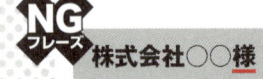

### NGフレーズ

株式会社○○様

「様」は個人の宛名に付ける敬称です。

### NGフレーズ

○○株式会社　総務部様

宛名が会社や部署の場合は「様」ではなく「御中」を使います。

**応用フレーズ**

### ○○株式会社　人事ご担当者様

担当先までは分かっているという場合は「○○担当御中」ではなく「○○ご担当者様」とします。

**応用フレーズ**

### 株式会社○○　受付係御中

宛名が「○○係」の場合も、敬称は「御中」となります。宛名を「係」のみとするのは「御中知らず」といってNGです。

**応用フレーズ**

### ○○会員各位

複数の相手に同時にメールを送信する際に使う敬称が「各位」。二人以上の人を対象にして、それぞれの人に敬意を表すとき、「部員各位」「責任者各位」「関係者各位」のように使います。
「各位殿」「各位様」はNG。「各位」そのものが敬称にあたるので「殿」や「様」を付ける必要はありません。

**応用フレーズ**

### ○○ご参加の皆様

「各位」に代わる、複数の相手に同時に送信する際の宛名として「〜の皆様」という書き方もあります。

---

**コラム　基本は個人名で**

「御中」は個人名が分からない場合に限り使う敬称であって、宛名には個人名に「様」を付けるのが基本です。
　個人宛てのアドレスがなく、社内で一つのアドレスを共有している相手の場合は、件名に「○○様　△△の件について」と名前を入れておくと相手が特定でき、分かりやすいでしょう。
　個人名が特定できる場合もできない場合も特に気を付けたいのが漢字の書き誤りです。社名も名前もよく確認しましょう。

---

基本の対応
書き出したい
挨拶したい
返信したい
依頼したい
誘いたい
感謝したい
ほめたい
謝りたい
断りたい
意見したい
催促したい
了承したい
知らせたい
結びたい
間違えやすい敬語

目的別! 書き方のコツ

## Q16 名刺交換後、自分を覚えてもらうには?

**A 解答** 名刺交換のお礼を兼ねて、自分から相手にメールを送ると、自分のアドレスやWebサイトなどのURLもダイレクトに伝えることができます。

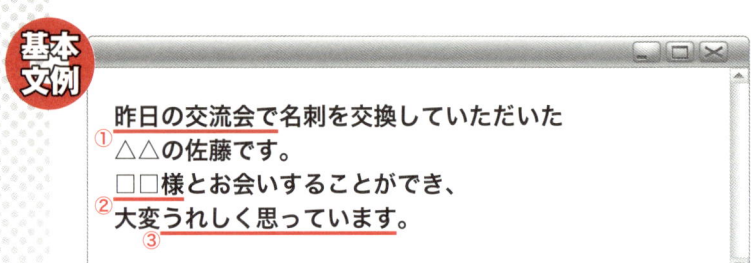

### 基本文例

> 昨日の交流会で名刺を交換していただいた
> ①△△の佐藤です。
> □□様とお会いすることができ、
> ②
> 大変うれしく思っています。
> ③

## Point-1
①名前を名乗るとともに名刺を交換した場を具体的に知らせます。名刺交換の相手が多かったり、時間が経過したりするほど、記憶は薄れます。相手に思い出してもらうきっかけの一つになるのが、「どこで」会ったかという情報です。

## Point-2
②相手の名前を意識的に書き添えるようにすると、呼びかけられているような効果を生み、親近感を覚えます。

## Point-3
③「お目にかかれて光栄でした」という一般的なフレーズより、「うれしく思っています」「興味深いお話が伺え、刺激を受けました」のように、相手との出会いから得たもの、感じたことを自分の言葉で伝えるようにしましょう。

### NGフレーズ
**昨日の交流会ではお疲れさまでした。**

相手も自分も主催者側で会の段取りや参加者の世話をともにした場合であれば「お疲れさま」と言い合えるでしょうが、その場で初め

て名刺を交換し、お互い一参加者として会っただけの間柄なら「お疲れさまでした」というフレーズは不自然です。

**応用フレーズ**

**昨日の交流会で名刺をいただいた、△△の佐藤です。**
**このたびはご縁をいただき、ありがとうございます。**

名刺交換後の初メールは、自分の売り込みではなく、あくまで「名刺交換のお礼」。相手と面識ができたことへの感謝の言葉を伝えることが目的です。

**応用フレーズ**

**△△様とは以前から一度、お話ししてみたいと思っていたので今回、お目にかかれることができ、大変うれしいです。**

以前から相手に関心を寄せていたことを伝えるのも、印象付けるポイントになります。

---

### コラム　名刺だけでは思い出せない！

メールがこれだけ一般化すると、はがきで来た礼状はかえって新鮮に映ります。メールに比べて"ひと手間かけた感"を与えるはがきは、丁寧さや相手への思いがより強く伝わるツールと言えるでしょう。

しかし、はがきにない魅力として、メールのスピーディーさも見逃せません。その日のうちに相手に届くだけでなく、メールであれば、名刺に記載した自分のメールアドレスや自社のサイト、ブログのURLを伝えやすくなります。受け取った相手も、一からメールアドレスを入力することなく連絡したり、ワンクリックで会社の最新情報を確認したりできる、というメリットがあります。

異業種交流会のような、多数、そしてさまざまな人と出会う場では、名刺を交換しただけで相手に自分を覚えてもらうのは難しいもの。名刺交換の後、はがきやメールでもうひと押しして情報を提供することで、自分の印象を残し、人と差をつけることができます。

# Q17 担当になったときのうまい挨拶は?

**A 解答** 自信のなさや、相手に不安を与える内容はできるだけ避け、前向きに取り組む姿勢をアピールできる文面にしましょう。

**基本文例**

今回のプロジェクトでチーフを<u>務めることになりました</u>①
○○部門の佐藤と申します。
②<u>ご期待に沿えるよう精いっぱい対応してまいりますので、</u>
どうぞよろしくお願いいたします。

## Point-1
①自分が担当者であることを明らかにします。
「務めることになりました」は「務めます」としてもよいでしょう。「務める」を「勤める」と間違わないように注意を。

## Point-2
②与えられた役割や業務に対する前向きな姿勢をアピール。この場合は、相手の期待に沿うように努力することを伝えます。

**NGフレーズ** 今回のプロジェクトでチーフを<u>やることになりました。</u>

「やることになりました」「することになりました」より「務めます」「担当することになりました」の方が表現として丁寧です。

**NGフレーズ** <u>ご迷惑をかけることもあるかと思いますが、</u>
よろしくお願いいたします。

初めて担当する仕事で、先方に何か迷惑をかけるかもしれないから…という気持ちの表れともとれますが、自信のない表現は相手に不安やマイナスのイメージを与えます。

**応用フレーズ**

**このたび、○○のWebサイトの制作を担当いたします佐藤です。よろしくお願いいたします。**

「務める」に代わる言葉として「担当する」があります。

**応用フレーズ**

**このたび、貴社の営業担当を申しつかりました佐藤と申します。**

ややかしこまった言い回しで、「言いつけられる」の謙譲表現。自社で任命された場合は相手に対して「申しつかる」、相手からの任命であれば「仰せつかる」という表現が適切です。

**応用フレーズ**

**○○部門チームリーダーの佐藤と申します。
今回のプロジェクトでは、私がチーフを務めます。**

**△△について、早速、準備を進めておりますので次回の打ち合わせで具体的なプランをお知らせできるかと思います。
どうぞ、よろしくお願いいたします。**

自己紹介の後、今後の抱負を語るのも一つの方法ですが、上記のように実務的な内容に触れることでも、仕事への意欲を伝えられます。

---

### コラム　使い古されたフレーズに逃げない！

担当先が決まり、客先に挨拶のメールを送る際に使われる「一生懸命がんばります」というフレーズ。本心からの言葉とは思いますが、仕事への取り組みとして、一生懸命に対応するのはビジネスパーソンとしてあたり前のことでもあります。
「一生懸命～します」や「がんばります」同様、よく使われるのが「鋭意努力いたします」。無難なフレーズではありますが、使い古された紋切り型の表現という印象はぬぐえません。自分の言葉で伝える方が相手の印象に残ることも忘れずに。

---

基本の対応

書き出したい

挨拶したい

返信したい

依頼したい

誘いたい

感謝したい

ほめたい

謝りたい

断りたい

意見したい

催促したい

了承したい

知らせたい

結びたい

間違えやすい敬語

目的別! 書き方のコツ

# Q18 前任者との違いを伝えたい！

**A 解答** あからさまに前任者を否定したり、違いを強調したりせず、前任者を認めたうえで、新たな切り口で自分をアピールすると好印象を与えます。

### 基本文例

前任の佐藤ほどの豊富な経験はありませんが、
① 若さとフットワークのよさで
② よりスピーディーな対応を心がけてまいります。
③ どうぞ、よろしくお願いいたします。

## Point-1
① 前任者が先輩といえども、対外的には同じ会社の社員。相手に対して前任者の名を挙げる場合、「さん」は付けません。

## Point-2
② 前任者を立てたうえで、前任者にはない自分なりのアピールポイントを伝えるようにします。

## Point-3
③ 「より」を付け加えることで「前任者も迅速に対応していたが、それ以上に」という意味合いが伝わります。

### NGフレーズ
**前任者にはない軽いフットワークで対応します。**

前任者を否定したり、けなすような表現は避けましょう。相手にも不快感を与えるだけです。

### NGフレーズ
**前任の佐藤のような対応はいたしません。**

自分のやり方を押し通し、前任者を否定する表現もいただけません。

**応用フレーズ**

> このたび、佐藤の後任として着任いたしました鈴木です。
> <u>未熟者ではございますが、どうぞよろしくお願いいたします。</u>

「前任の○○」という表現に対して「○○の後任として」と書きかえることもできます。自分のことをへりくだって「未熟者」「若輩者」と表現する方法もあります。

**応用フレーズ**

> 長年、○○の担当を務めてきた前任者に比べ
> 行き届かない点もあるかと存じますが、
> <u>全力で業務に精励してまいりますので</u>
> ご指導ご鞭撻を賜りますようお願いいたします。

前任者と張り合おうとするのではなく、自分の経験の浅さを認めたうえで「だからこそ学びたい、勉強したい」という姿勢をアピールするのも一つの方法。肩肘張ったり、背伸びをしたりせず、素直に現状を受け入れる柔軟性もアピールポイントになります。

---

## コラム　人と比較しない

「前任者のAさんのやり方はこうでした」
「B社の担当者はそうではなかったけど」
「Cさんに比べて○○ですね」

このように、ほかの人と比較されるのは、誰にとっても面白くないもの。交代した担当者に対し、前任者や他社と比較するような物言いは避けましょう。相手を傷つけるだけで、良好な関係を築けません。

誰かと比較したり、「あなたのやり方ではダメ」と頭ごなしに否定するのではなく、メールのやり取りの際も相手に歩み寄り、対話する姿勢が大切。

主語を「誰か」に特定するのではなく「今まではこういうやり方でしたが、どう思われますか」と手法や考えに焦点をあてた聞き方をし、「どう思われますか」と相手の考えを尋ねるようにすると、相手もすんなり受け入れることができます。

# Q19

## 「ご返事」「お返事」どちらが正しい？

**A 解答**
漢語には「ご」、和語には「お」が付くというルールにのっとると「ご返事」が正しい使い方ですが、実際には「お返事」も多く使われています。

### 基本文例

○○について大変丁寧な<u>ご返事</u>をいただき、①
<u>ありがとうございます。</u>②

## Point-1
①謙譲語の「お」と「ご」の使い分けの基準は、訓読みの和語の前に付くのが「お」、音読みの漢語の前に付くのが「ご」。このルールにのっとると「返事」の前に付くのは「ご」です。ただし、実際には「お返事」も多く使われています。「お返事」は、普段使いの言葉としての色合いが強いようです。

## Point-2
②状況にもよりますが、お礼の言葉は「ありがとうございました」と過去形にするのが一般的です。しかし、あえて「ありがとうございます」と現在形にすると臨場感があり、ダイレクトに感謝の気持ちが伝わります。

### NGフレーズ 至急、<u>返事して</u>いただけますか？

「ご（お）」＋「〜いただく」のセットで敬意を表すので、この場合は「返事」の前に「ご」が必要で、「返事して」の「して」は不要。

### NGフレーズ ご返事を<u>いただいた方</u>にお知らせします。

「ご返事をいただく」という表現は間違っていませんが、「方」が敬意を表す言葉なので、「ご返事をくださった方」とする方が丁寧。

### 応用フレーズ

**丁寧なご返事をいただき、ありがとうございます。**

「ご丁寧なご返事をいただき」としても間違いではありませんが「ご丁寧」「ご返事」と「ご」が続くとくどく感じられます。このような場合は、後の方の言葉に敬語表現を用いるのが一つの目安です。

### 応用フレーズ

**早速ご返信をいただき、ありがとうございます。**

「ご丁寧な」に代わる言葉として「早速」、「ご返事」に代わる言葉として「ご返信」が挙げられます。

### 応用フレーズ

**ご対応いただき、ありがとうございます。**

「ご(お)」＋「～いただく」のセットで敬意を表すフレーズとなります。相手が何かしらの行動をとってくれた場合は、「対応する」という動詞に「ご～いただく」が付き、「ご対応いただき」となります。

---

### コラム　違いを知って使い分け

　必ずしも、漢語には「ご」、和語には「お」というルールどおりではない言葉もあります。

　漢語でも「お」を付ける例としては、「お礼状」「お加減」「お時間」。和語でも「ご」を付ける例では、「ご入り用」「ごゆっくり」などがあります。

　時代とともに言葉の使い方も変化していくので、「ご返事」という改まった言い方も、次第に「お返事」というカジュアルな言い方に変わっていくのかもしれません。ですが、違いを知り、その場に応じて使い分けることは必要でしょう。

# Q20

## 依頼を引き受けるとき、感じよく返信したい

**A 解答**
「よろこんで〜（いた）します」の一言を添えると、前向きな姿勢をアピールできます。

### 基本文例

> ご依頼いただき、ありがとうございます。
> <u>よろこんでお引き受けいたします。</u>

## Point

仕事の依頼に対し「お引き受けします」「承ります」でも事足りますが、さらに「よろこんで」を添えると積極的、意欲的に取り組む印象を与えます。

### NGフレーズ：よろこんで！

「よろこんで」の一言では、書き言葉として丁寧さに欠けます。「よろこんで」の後に、「お引き受けします」「対応いたします」「担当いたします」のように結びとなる言葉で締めくくると文章としての収まりがよくなります。

### NGフレーズ：分かりました。

意味は通じますが、返答としては素っ気なさすぎます。「承りました」「お引き受けします」など、相手への敬意が感じられる表現を使いましょう。

### NGフレーズ：どうも。

「どうも」は簡単な挨拶として使われる言葉で、依頼に対して「どうも」だけでは返答したことにはなりません。

> **応用フレーズ**
>
> **佐藤様からのご依頼であれば、
> よろこんで担当いたします。**

相手の許可を得て対応するのではなく、「よろこんで」を添えることで自発的、積極的な対応の意思を示します。このとき「担当させていただきます」「対応させていただきます」はNG。

> **応用フレーズ**
>
> **あいにく26日まで出張のため、不在にしております。
> 27日以降の対応で差し支えなければ
> よろこんで承ります。**

条件や問題点がクリアできれば、十分対応が可能です、という"前向きな姿勢"を「よろこんで」を添えることでアピールできます。

> **応用フレーズ**
>
> **私でよければ、ぜひ、お願いします。**

依頼に対する返答として、「よろこんで」と同様、前向きで意欲的な姿勢を示すフレーズが「私でよければ、ぜひ」です。

> **応用フレーズ**
>
> **願ってもないご依頼をいただき、
> 大変うれしく思っています。**

依頼に対し、「よろこんで」よりさらに感激した様子を伝えるフレーズが「願ってもない」です。望んでも簡単にかないそうもないことが図らずも実現することへの喜びの気持ちを伝える表現です。

> **応用フレーズ**
>
> **このたびはご依頼いただき、ありがとうございます。
> 謹んでお引き受けいたします。**

改まった依頼や相手に敬意を表して使うフレーズが「謹んで」。「よろこんで」よりもかしこまった表現です。

# Q21 間違いを指摘されたときは？

**A 解答**
相手からの指摘や確認で、問題が解決したり、物事が前進したのであれば、詫びるより先に感謝の気持ちを表しましょう。前向きで迅速な対処が功を奏します。

### 基本文例

代金の合計金額の件でご連絡をいただき、
ありがとうございます。
① お知らせいただいたとおり、
② 代金の合計に送料が含まれておりませんでした。

商品の代金は1999円、送料を加算した合計は2199円で
間違いありません。
③

## Point-1
① 間違いの指摘や注意を相手から受けた場合でも、まずは自分より先に気づき、知らせてくれた相手に対する感謝の言葉を伝えましょう。

## Point-2
② 相手の指摘を認めるフレーズ「お知らせいただいたとおり」を「ご指摘いただいたとおり」とすることもできます。

## Point-3
③ 相手の指摘が確かであることを、「間違いありません」というフレーズで締めくくります。

### NGフレーズ

合計金額を間違えまして、申し訳ありません。

この場合、間違いを詫びるより、合計金額を確認し、相手に正確に知らせることの方が重要です。

**NGフレーズ**

うっかりしていて、すみません。

具体的な記述がなくあいまいな印象を与えます。さらに、冒頭の「うっかり」は対応の不備を自ら強調するようなものなので、使わない方がよい表現です。「すみません」と詫びるより「ありがとうございます」と感謝の言葉を伝える方が好感が持てます。

**応用フレーズ**

ご指摘いただき、ありがとうございます。
こちらで確認いたしましたところ、
代金の合計に送料が含まれておりませんでした。

商品代1999円に送料200円を加算した
代金の合計は2199円です。
大変失礼いたしました。

相手からの指摘を受け、すぐに「確認」することが重要。確認の結果と正しい金額を知らせ、「失礼いたしました」と間違いを認める一文を添えます。

**応用フレーズ**

○○についてご指摘いただいた点を
早速、訂正いたしました。
事前に対処することができ、大変感謝しています。

速やかに対応したことを伝える表現が「早速」。「ありがとうございます」に代わる言葉として「感謝しています」を使うこともできます。

**応用フレーズ**

このたびご指摘いただいたことを肝に銘じ、
業務の質の向上に努めてまいります。

「ありがとうございます」のフレーズの代わりを果たすのが、今後の取り組みについて述べた「業務の質の向上に努めてまいります」。相手の指摘を受け、どのような姿勢で今後対応するかを明らかにすることも大切です。

# Q22

## クレームへスマートに対処するには?

**A 解答**
「詫びる」→解決のためにとった対策についての「報告をする」→今後の防止策・改善策を述べ「安心を与える」という順に善処を。冷静な対応が肝要です。

### 基本文例

○○の件について弊社内での連絡が不十分で、
佐藤様には大変ご迷惑をおかけし、<u>申し訳ございません。</u>①

○○については<u>本日中に発送するよう手配いたしました。</u>②

今後はこのような不手際がないよう
社内のチェック体制を強化いたします。
どうか今後とも変わらぬお引き立てを賜りますよう
お願い申しあげます。 ③

## Point-1
①明らかにこちらに非がある場合、言い訳より、まずは謝罪を。

## Point-2
②発生したトラブル解決のために、どのような対策を立て、対処しているかを伝えます。

## Point-3
③最後に、今後どのように改善していくかを述べます。具体的な方法を伝えることで、相手も安心することができます。

### NGフレーズ
**大変ご迷惑をおかけし、すみません。**

ビジネスの場では「すみません」より「申し訳ございません」が適切。

### 応用フレーズ

**○○の会場において弊社の対応に不備があり、ご迷惑をおかけしましたこと、謹んでお詫び申しあげます。**

「申し訳ございません」に代わるお詫びのフレーズが「謹んでお詫び申しあげます」。「恐れ入ります」や「失礼します」も覚えておきたいフレーズです。ビジネスシーンでのお詫びの言葉としては、「すみません」「ごめんなさい」は不適切。

### 応用フレーズ

**このたびは、お客様への接客態度に失礼がありました点をご指摘くださり、誠にありがとうございます。**

クレームにはお詫びの言葉だけでなく、感謝の言葉を伝えることもあります。お客様から直接、指摘や注意をいただくことは、現状を見直し、改善するためのヒントを与えてもらったということだからです。

### 応用フレーズ

**このような失敗を繰り返さないよう、細心の注意を払って業務にあたります。**

謝罪・お詫びの後、同じ過ちを繰り返さない意志を相手に伝える際は、「〜したいと思います」とあいまいに表現せず、「〜します」と言い切り、次の対策、解決策を実行する意志を伝えることが肝要です。

---

#### コラム　メールでは解決できないクレーム

根本的にメールでは解決できないクレームも、多々あります。どんなに言葉を尽くしたメールよりも、まず電話。もっとよいのは、相手に対面することです。メールですべて片づけようとすると、真意が伝わらなかったり、誤解がさらに誤解を招くという事態に発展しかねません。

便利なメールも諸刃の剣。メールを使ってよい結果が出せるとき、悪い事態を招くときがそれぞれあることを認識し、最善の策を講じましょう。

---

基本の対応
書き出したい
挨拶したい
**返信したい**
依頼したい
誘いたい
感謝したい
ほめたい
謝りたい
断りたい
意見したい
催促したい
了承したい
知らせたい
結びたい
間違えやすい敬語

目的別! 書き方のコツ

# Q23

## 対応できるかどうか自信がないときは？

**A 解答** 100％自分が望む条件が揃うことはまれ。できること、できないことをきちんと説明し、現実的かつ誠実に対応すれば、相手の信頼を得ることができます。

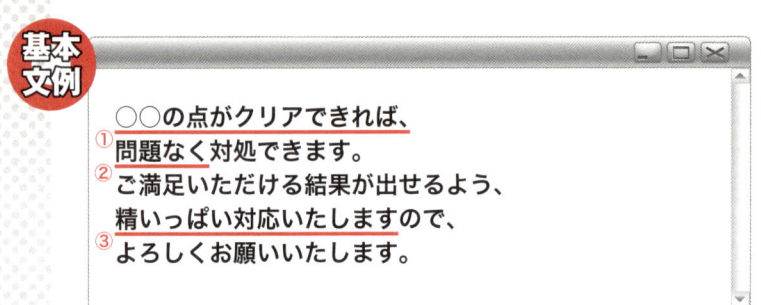

### 基本文例

① ○○の点がクリアできれば、問題なく対処できます。
② ご満足いただける結果が出せるよう、精いっぱい対応いたしますので、
③ よろしくお願いいたします。

## Point-1
① 対応するにあたり、事前に気になる点を挙げ、相手に伝えておきます。双方が問題点や課題を共有しておけば、協力して対処しやすくなります。

## Point-2
② 根拠のない自信を示すより、問題点や課題を挙げたうえで、前向きに対応する姿勢を伝えると、相手も安心できます。

## Point-3
③「精いっぱい」に代わるフレーズとしては、「ベストを尽くす」「全力で取り組みます」などがあります。「一生懸命がんばります」はありふれたフレーズでもあるので、多用しない方が得策です。

### NGフレーズ
**大丈夫です。全然問題ありません。**

詳細が分からない時点で、安請け合いしないこと。トラブルの元です。場合によっては、軽率、いい加減と相手に映ることも。

## NGフレーズ

**経験がないので、自信がありません。**
**ご迷惑をかけることになるので、遠慮しておきます。**

できない前提で逃げ腰で話を進めるより、どうしたらできるかを考え、前向きに提案する方が相手に歓迎されます。

### 応用フレーズ

**○○については未経験ですが、**
**△△については3年の実績があります。**
**○○の部分のポイントを教えていただければ、**
**応用して対応できます。**

「経験がないので」と片付けず、「Aについての経験はないが、関連するBの経験はある」と前向きに取り組む姿勢は、好感を与えます。自分が対処できない点を挙げ、フォローを頼むのも一つの方法です。

### 応用フレーズ

**AとBを一度に仕上げるのは時間的に難しいのですが、**
**Aだけでしたら、明日中に対応可能です。**

依頼内容の全部は無理でも、部分的に対応可能であれば、相手は助かることもあります。最初から無理な要求と捉えず、「どこまでならできるか」を明確に伝えましょう。

---

### コラム　前向きに対応する姿勢

　よい条件ばかりでなく、好ましくない条件もセットになった状況で依頼を受けるということが多くあります。100%条件が揃うということは、まずないと思っておいた方がよいでしょう。
　不利な条件下でどう対処していくか。そのようなときこそ、自分の実力、力量が試されています。
　むやみに大風呂敷を広げるのではなく、かといって萎縮せず、現段階で自分が対処できること、できないことを冷静に整理し、きちんと説明することが大切です。「できません」「嫌です」と切り捨てるのは簡単。制約の中で最善を尽くすことができる対応力が、あなたの信頼につながります。

---

目的別! 書き方のコツ

# Q24 対応できない場合の返答の仕方は？

**A 解答** 婉曲な表現で対応困難な状況を伝えるとともに、代替案を提案するなどして、状況が少しでも前に進むような対応を心がけましょう。

## 基本文例

ご依頼いただいた○日までの納品が難しい状況です。
①
もし可能であれば、
△日までお待ちいただくことはできないでしょうか。
②

## Point-1
①「できない」ということを伝える際は、「難しい」「いたしかねます」など、婉曲な表現で状況を伝えると、相手の反感を買いません。

## Point-2
②現状では対応が困難な場合でも、代替案を提案。この場合は納品日を別の日にすれば対応可能であることを伝えています。かたくなに拒むのではなく、状況が少しでも前に進む対応を考え提案することが重要です。

### NGフレーズ
**○日までの納品は無理です。**

相手に有無を言わさぬ拒絶のメールは考えもの。メールで書くと、口頭で言う以上にきつく感じられます。

### NGフレーズ
**忙しいので対応できません。**

忙しいのは自分だけではありません。対応できない理由を「忙しい」せいにするのはいただけません。対応できない理由として「嫌だから」という感情的な理由を挙げるのも大人げない方法です。

**応用フレーズ**

**本日中に仕上げなければならない仕事があるので、
それが終わり次第、すぐに対処いたします。
それまで、お待ちいただいてよろしいですか。**

対応できない理由をはっきりと伝えたうえで、それが終わって手が空き次第、対応できる旨を伝え、それでよいかどうかを相手に打診した一文。一方的に断ったり、やみくもに引き受けるのではなく、相手と確認しながら、対処することも大切です。

**応用フレーズ**

**明日から別件の対応が控えているので、
本日中でよろしければ、対応いたします。
部分的な対応になりますが、差し支えありませんか。**

対応できる期間が限られている場合は、期間は「いつからいつまで」で、内容は「どこからどこまで」かをはっきりさせ、相手に伝えます。「できない」ことより、「できる」ことを優先的に伝えると親切。

---

### コラム　「どっちでもいい」はどうでもいい

　できる・できないとは別に、「どっちでもいいです」という返答もあります。「どっちでもいいです」は「どうでもいいです」と答えているのと同じで、問いに対する適切な答えになっていません。

　迷って結論を出せなかったり、考えたうえでAとBのいずれでも構わないというときも「Aは○○で、Bは△△なので、どちらでもよいです」「AもBも両方対応できるので、どちらでもよいです」と、どちらでもよい理由を述べると相手も納得できます。

「嫌だから」と同様、「どっちでもいいです」もその場のノリや感情だけで返答している印象があり"無責任な人"と捉えられてしまうことも…。

　ビジネスメールでは、嫌な理由、どちらでもいい理由をきちんと説明できることも、相手とのやり取りを円滑にするうえで必要ではないでしょうか。

# Q25 「どうしたらいいか」を聞きたいときは?

**A 解答**
「どうするのか」という判断を相手に仰ぐときは、相手への配慮を感じさせる「いかがでしょうか」「いかがいたしましょうか」を使います。

### 基本文例

会社案内の冊子について、
確認したいことが一点ございます。
①
独身寮の外観写真はいかがいたしましょうか?
　　　　　　　　　②

もし、撮影が必要であれば手配いたしますので、
撮影日などをご指示いただければと思います。
　　　　　　　③

## Point-1
① 「確認したいことが○点ございます」と、事前に確認事項がいくつあるかを示せば、要点が整理された文章になります。

## Point-2
② 自分では判断がつかないことを相手に尋ねるときのフレーズが「いかがいたしましょうか」。相手の都合や意向をまず確認して物事を進めるとスムーズです。

## Point-3
③ 相手に「いかがいたしましょうか」と尋ねた後、こちらで考えられる方向性を示して、最終的に「ご指示いただければと思います」「ご指示をお願いいたします」と文を結びます。

### NGフレーズ

**建物の写真はどうですか?**

「どうですか」だけでは、何を尋ねたいのか定かでありません。あいまいで分かりにくいうえに、ぶしつけな印象を与えます。

**応用フレーズ**

> 今回の○○の制作は、
> Webデザインに定評のあるA社に依頼しようと思うのですが、
> 部長のご意見はいかがでしょうか?

「いかがいたしましょうか」同様、自分では判断がつかない内容を相手(この場合は上司)に尋ねる場合に使うフレーズが「いかがでしょうか」です。

**応用フレーズ**

> ○○の導入にあたっては、
> ぜひ、現場のご意見を伺いたいと考えております。
> 直接ご意見をお聞きする場を設けていただくには、
> どなたにお願いするのがよろしいでしょうか?

相手の会社や部署のキーパーソンが分かれば、話も早くまとまります。直接の担当者や責任者など、人にポイントを絞って尋ねる場合は「どなたに○○するのがよろしいでしょうか」が使えます。○○には「お願い」「お尋ね」などの言葉が入ります。

**応用フレーズ**

> ○○について詳しく知りたいのですが、
> どちらにお尋ねすればよろしいですか?

どこに尋ねていいか分からないときは、担当部署や専用の窓口などをまず探しますが、その際は「どこ」よりも「どちら」と表現する方が丁寧で適切です。

**応用フレーズ**

> 部長のご意見をお聞かせください。

相手の何を知りたいかが明確な場合の尋ね方。目上の相手の意見や考えを尋ねる際に「〜のご意見をお聞かせください」を使用します。「ご意見」は「お考え」としてもよいでしょう。
「部長はどのようにお考えですか?」という尋ね方もあります。

---

- 基本の対応
- 書き出したい
- 挨拶したい
- **返信したい**
- 依頼したい
- 誘いたい
- 感謝したい
- ほめたい
- 謝りたい
- 断りたい
- 意見したい
- 催促したい
- 了承したい
- 知らせたい
- 結びたい
- 間違えやすい敬語

目的別! 書き方のコツ

# Q26

## 即答できないときはどうする？

**A 解答**　返事に時間を要する場合は、メールを確認した旨と「○○までにご返事いたします」といった返信期日を知らせておくと相手は安心します。

### 基本文例

　○○についてご連絡いただき、ありがとうございます。
① 添付の資料も確認いたしました。
②

明日中にはご連絡いたしますので、
③ 今しばらくお時間をいただければと存じます。

取り急ぎご連絡まで。
④

## Point-1
① まずは、メールを受け取ったことを相手に知らせます。その際の定番フレーズが「〜についてご連絡いただき、ありがとうございます」。「メールをいただき」としてもよいでしょう。

## Point-2
② 添付ファイルがあれば、確認した旨を伝えましょう。添付ファイルが開かないような場合も、相手に知らせます。

## Point-3
③ 返信に時間を要す場合は、いつまでに返信するか、期日を知らせておくと相手も安心します。

## Point-4
④ 即答できない内容の場合は、まず、メールを受け取った旨といつまでに返信するかを"取り急ぎ"知らせておくのが親切です。

**応用フレーズ**

**少々、立て込んでおり、返信が遅くなります。**
**明日中には返信いたしますので、今しばらくお待ちください。**

返信が遅れる事情や理由を先に伝えておくと、相手もめどが立ちます。いつ返信できるかも併せて知らせます。

**応用フレーズ**

**添付の資料を確認してから、改めてご連絡申しあげます。**

添付ファイルの確認に時間を要する場合も、その旨を伝えておきましょう。

**応用フレーズ**

**受け取りました。**
**返信に少々時間を要しますので、追ってご返事します。**

社内向けの返信フレーズ。社内の相手の場合も、メールを受け取ったことと、返事が後になることを伝えておくとよいでしょう。

---

### コラム　即レスのよしあし

　メールを早く返すメリットとしては、用件が早く処理できるというのが一点です。また、すぐに返信をしておくと、そのまま返信しそびれる、忘れるということも防げます。

　即答できない内容があるからといって、メールを受け取ったことさえ知らせずにいると、相手はメールが届いているのかどうかを心配しなければなりません。一言、受信した旨だけでも先に知らせておきましょう。

　ただ、メールを待つ立場になった場合、すぐに返信がないからといって相手が自分に関心がないとか、冷たいと捉えるのは早計な気がします。相手にも都合があり、必ずしも即レスできない状況もあると寛容に受け止めましょう。特に携帯電話の場合、メールの返信のスピードが親密度を計るバロメーターだと思い込むのは禁物。それよりも、相手の状況や気持ちを推し量った配慮のあるメールを送ることの方が重要です。

---

目的別! 書き方のコツ

# Q27

## メールには、いちいち返信しない方がいい?

**A 解答**
「受領しました」「確認しました」「了解です」といった、受信したことを知らせるメールは、社外の相手にはこまめに送る方が親切です。

### 基本文例

> このたびのプロジェクト関連資料を
> 早速ご送付くださり、ありがとうございます。
> ①
> 3ファイルとも、確かに受領いたしました。
> ②
>
> 資料を取りまとめ、○○についての問題点を
> 後ほどお送りしますので、ご確認をお願いします。
> ③

## Point-1
①いきなり「受信しました」「受け取りました」と切り出すより「ご送付くださり、ありがとうございます」と送信へのお礼を述べる方が好印象を与えます。

## Point-2
②確認の意味も込め、受け取ったメールの内容やファイルの数などに簡単に触れ、確かに受け取った旨を伝えます。

## Point-3
③送信する側の定番フレーズが「ご確認をお願いします」。受信したら「確認しました」と返信すれば相手も安心します。

### NGフレーズ

**ご査収いたしました。**

査収とは、書類などをよく調べて受け取ることですが、相手に受け取ってもらう場合に「ご査収ください」と使うフレーズであって、自分が受け取ったときには使いません。

### 応用フレーズ

**添付ファイル3点、拝受しました。**

受け取ることをへりくだって言い表したフレーズが「拝受」。相手への敬意を込めた、丁寧な表現です。

### 応用フレーズ

**明日の予定について確認いたしました。
では、午前10時に○○でお待ちしております。**

相手のメールの内容に触れる返信をすることで、実際に確認・理解したことが伝わります。単に「受け取りました」で終わらせず、次の行動に結び付くような返信を心がけましょう。

### 応用フレーズ

**打ち合わせの時間について ＞了解しました（佐藤）**

同じ社内でやり取りするメールなどは、件名に直接、確認した旨を書き込んで返信する方法もあります。その際、自分の名前を添えておくとより分かりやすいでしょう。「了解」は社外の相手より社内の相手、特に同僚向きのフレーズです。

---

#### コラム　重要な相手ほど、こまめに確認メールを

メールを受信した側は、いちいち返信するのは面倒と思ったり、忙しいときは後回しにしがちですが、送信した側は、ちゃんと伝わっているだろうか、対応してもらえるのだろうかと気をもんでいるものです（特に、付き合いの浅い相手や期限がある仕事のメール）。

メールは確実に相手に届くと過信するのは危険。3人の知り合いに案内メールをCcで送信した際、3人のうちの1人の会社がサーバーのメンテナンス中で、その相手にだけメールが届いていなかったという経験があります。

仕事を依頼する側、受ける側、双方の連絡がポイント、ポイントで確認できていれば、トラブルになることもありません。億劫がらず、こまめに確認し合う習慣を付けましょう。

# Q28 続くメールのやり取りを終わらせるには？

**A 解答**
自分からメールを送った場合は「一往復半」、相手からメールが送られてきた場合は「一往復」を目安にやり取りを終わらせます。

**基本文例**

もし、上記の内容で不都合がありましたら、
お知らせください。
<u>特に問題がなければ、返信はご無用です。</u>

## Point

基本的に「一往復半（自分→相手→自分）」も「一往復（相手→自分）」のやり取りも、自分からメールを送って終わりにします。「何か問題があったときだけメールでご連絡を」と知らせ、問題がなければメールは不要とすれば、返信するか否かの一つの目安となり、区切りがつきます。

**応用フレーズ**

○○について<u>承りました。ありがとうございます。</u>
<u>引き続き</u>よろしくお願いいたします。

相手からの返信への感謝の言葉を添えると「ひと区切り」感が出ます。短く簡潔に「了解と感謝」を伝え、さらに末文は単に「よろしくお願いいたします」ではなく「引き続き」として締めくくります。継続した付き合いのある相手には効果的なフレーズです。

**応用フレーズ**

それでは、○日にセミナー会場で<u>お会いできることを</u>
<u>楽しみにしています</u>。

約束や日程確認などのメールのやり取りでは、相手と顔を合わす機

会があるということなので、「〜でお会いできることを楽しみにしています」と結ぶと感じよく終わりにできます。
同様に、「では、○日○時にお待ちしています」という表現もあります。「それでは」「では」もメールを切りあげるときに便利なフレーズです。

**応用フレーズ**

**今から外出するため、席をはずします。
17時には戻りますので、上記の件、ご検討をお願いします。**

席をはずすことを伝え、それをメールの区切りとする方法もあります。上記の例文では「外出」を「会議」「打ち合わせ」としてもよいでしょう。「それでは、失礼します」と書き終えることもできますが、理由や戻る時間帯を一言添えると唐突な感じがしません。

**応用フレーズ**

**これからも応援しています。**

ビジネスライクな内容の中にも、相手を気遣う一言があると、うれしく感じられるものです。「元気出してください」「たまには顔を見せてください」など、特別な言葉や飾り立てた言葉でなくても、相手の状況や置かれている立場を思いやる一言を添えてみましょう。

---

### コラム　「一往復半」と「一往復」

まず、自分からメールを送った場合は「一往復半」がお勧めです。連絡、問い合わせ、質問、確認など、自分から相手に送るメールは、相手からの返信に再度、自分からメールを返して終わりにします。つまり、以下のようなやり取りになります。

　①自分から送信　　　　自分→相手
　②相手から返信　　　　相手→自分
　③自分から再度送信　　自分→相手　……　終了

一方、相手からメールが送られてきた場合は「一往復」を心がけましょう。下記のように、相手からの連絡や問い合わせ、質問、打診のメールには、自分がメールを返して終わりにします。

　①相手から送信　　　　相手→自分
　②自分から返信　　　　自分→相手　……　終了

# Q29 上司に伝える旨を相手に知らせるには?

**A 解答** 社外の相手からのメッセージを「上司に伝えます」と相手に知らせる場合、敬うべきは社外の相手。対外的には上司は社内の者として自分と同一の扱いです。

## 基本文例

> 早速、ご返答をいただき、ありがとうございます。①
> ○○の件、承りました。佐藤に申し伝えます。
> ②　　　　　　　　　　　③

## Point-1
①客先と上司の間に入り、用件を取り次ぐ場合でも、相手への感謝の言葉を忘れずに伝えましょう。

## Point-2
②相手から申し受けた用件を確認。内容を把握した旨を伝えておくと、確実です。

## Point-3
③「申し伝える」は「言い伝える」の謙譲語。この場合は、上司である「佐藤」氏に、相手の用件を取り次いで言い伝えます、という意味が「佐藤に申し伝えます」に込められています。

対外的に上司の名前を挙げる場合は、「佐藤」と役職や呼称を付けずに記します。「佐藤部長」はNGですが、「部長の佐藤」と表記するのは問題ありません。

### NGフレーズ
早速のご返答ありがとうございます。佐藤にお伝えします。

「お〜する」は謙譲語です。この場合の「佐藤にお伝えします」という一文は、メールを送る相手ではなく、自社の上司に敬意を払っている表現になり、社外の相手に送るメールとしては不適切です。

**応用フレーズ**

### ○○の件は<u>佐藤部長にお伝え</u>しておきます。

社内でのやり取りの場合は、メールでも上司に対しては敬語を使います。社内の相手に、連絡事項を上司にも伝えておくと知らせる場合は、「佐藤部長」と名前には役職を、伝えるは「お伝えします」「お知らせします」と敬語表現にします。

**応用フレーズ**

### ○○の件については、担当の者に早急に対処するよう<u>申し付けます</u>。

社外の相手に対し、社内の者に命じて対応することを伝える場合に使うフレーズが「申し付ける」です。「申し付ける」は上の者から下の者に言い渡すという意味。自分側の人間に用を言い付けたり、命じたりするとき、相手に敬意を示して使う言葉です。この場合は、客先に対し、自分の部下に命じて対応する旨を伝える一文です。

**応用フレーズ**

### <u>お申し付け</u>の件、早急に対応いたします。

申し付けた内容を指すのが「申し付け」です。「遠慮なくお申し付けください」「ご利用時にお申し付けください」のように使います。

**応用フレーズ**

### お支払い方法によっては、振込手数料を併せて<u>申し受ける</u>場合がございますので、ご了承ください。

「申し受ける」とは、願い出て受け取るという意味。「送料は別途申し受けます」「実費にて申し受けます」のように「いただく、頂戴する」という意で、使われる相手に敬意を表すフレーズです。「申し○○○」の関連語の一つです。

# Q30 打診するときの定番フレーズは?

**A 解答** 打診するとき、使うと感じのよいフレーズが「もし、よろしければ」や「差し支えなければ」。相手の都合を考えた控えめな表現は好感が持てます。

### 基本文例

① ○日は弊社主催のビジネスフォーラムです。
② ご紹介したい方も何人かいますので、
③ もし、よろしければご参加いただけるとうれしいです。

## Point-1
①まずは"前振り"として、「いつ」「何が」あるかを相手に知らせます。

## Point-2
②この場合、相手に参加を促したい最大の理由・動機が「紹介したい人がいる」こと。相手をその気にさせるための、いわば"口説き文句"となる部分です。

## Point-3
③「もし、よろしければ」自体は控えめなフレーズですが、前文に「紹介したい人がいる」という理由を付け加えることで、「ぜひ、ご参加になりませんか」という意味合いの表現に変わります。

### NGフレーズ

○日のビジネスフォーラムには参加してくださるんですよね?

相手の都合も聞かずに「参加する」ことを前提にした尋ね方は、厚かましく、相手にも失礼です。

**応用フレーズ**

**当社の新商品です。もし、よろしければお試しください。**

単に「お試しください」と強引に勧めようとすると、相手も抵抗を感じるものですが、「もし、よろしければ」と控えめな姿勢で接すると、お願い事も受け入れてもらいやすくなります。

**応用フレーズ**

**もし、よろしければ、
ご都合のよい日時をご指定いただけませんか。**

すでに決まっていた日程を、こちらの都合で変更するような場合も「もし、よろしければ」を使って相手に打診すると丁寧かつスマートです。

**応用フレーズ**

**差し支えなければ、○日に日程を変更していただいて
よろしいですか？**

「もし、よろしければ」に代わるフレーズが「差し支えなければ」。相手にとって不都合や支障がなければ…という意味で使います。「差し障りなければ」という表現もあります。

**応用フレーズ**

**差し支えなければ、
当日のご連絡先をお知らせいただけますか？**

「お差し支えなければ」という言い方もありますが、「差し支えなければ」の後に続く一文に「お」や「ご」を付ける方が文面はすっきりします。

---

基本の対応

書き出したい

挨拶したい

返信したい

**依頼したい**

誘いたい

感謝したい

ほめたい

謝りたい

断りたい

意見したい

催促したい

了承したい

知らせたい

結びたい

間違えやすい敬語

目的別! 書き方のコツ

# Q31 相手に受け入れられやすい頼み方は？

**A 解答** 初めて仕事を依頼する場合は、単刀直入に依頼するのではなく、まずは引き受けてもらえるかどうかを相手に確認することから始めます。

## 基本文例

> これまで、○○の制作で多数実績のある
> 貴社にデザインをお願いしたいのですが、
> ご対応いただくことは可能でしょうか。 ①
>
> 制作期間は○○日で、△月△日の納品が希望です。
>
> ぜひ、貴社にお願いしたいと考えておりますので、
> <u>ご検討をお願いいたします</u>。 ②

## Point-1
① 依頼する前から、詳細な内容を伝えるのは押し付けがましく、相手も抵抗感を覚えます。依頼内容のアウトラインを挙げ、対応可能かどうかを打診することから始めます。このとき、なぜ依頼するのかも伝えると、相手を説得しやすいでしょう。

## Point-2
②「ご検討をお願いいたします」と結び、対応が可能かどうかの判断は相手に委ねます。ここで無理強いすると、了承が得にくくなります。

### NGフレーズ
**原稿作成のご<u>依頼をさせていただきます</u>。**

発注者から受注者への依頼であれば「原稿作成をお願いいたします」の方が自然です。「〜させていただきます」はお願いしているのに高飛車な印象を与えます。

### 応用フレーズ

**今回、お願いしたいのは、
新入社員が身に付けておくべき基本的なマナーについてです。
研修時間は2時間を予定しております。
ご対応いただくことは可能でしょうか？**

相手に何か依頼をする場合は、「お願い」の姿勢を伝えるためにも丁寧な言い回しを心がけましょう。

### 応用フレーズ

**△△の制作を依頼したいのですが、
○月○日までに納品いただくことは可能でしょうか？**

依頼される側が最も気になるのが期日。依頼したい内容と期日をまず挙げ、相手が対応可能かどうかを確認します。

### 応用フレーズ

**追加で○○の集計作業をお願いしたいのですが、
いかがでしょうか。
作業の詳細は下記のとおりです。
もし、対応が難しい場合はお知らせください。**

ある程度付き合いがあり、お互いに勝手が分かっている相手には、通常の依頼に追加が可能かを打診。対応可能であることを見越した依頼なので、「イエス」の場合に備えて詳細を後述し、「ノー」の場合に限り、すぐ連絡するように促す文面です。

---

#### コラム　「ご依頼」の「ご」

発注者が受注者に「○○の制作をご依頼します」とメールを送信するのは不自然です。なぜなら、基本的に、敬語の「ご（お）」は自分のことや自分の動作には付けないからです。依頼や質問などは、自分から発する動作で、相手を立てるものではないので、「ご（お）」は不要。つまり、「○○の制作を依頼します」で失礼にはなりません。「依頼します」が堅苦しく感じられる場合は、「○○の制作をお願いします」とするとよいでしょう。

---

基本の対応
書き出したい
挨拶したい
返信したい
**依頼したい**
誘いたい
感謝したい
ほめたい
謝りたい
断りたい
意見したい
催促したい
了承したい
知らせたい
結びたい
間違えやすい敬語

目的別! 書き方のコツ　073

# Q32

## どうしても依頼したい相手を口説くには？

**A 解答**
相手を説得するときや、口説くときに有効な表現が、相手を限定する「に」「しか」「だから」。特別な存在であることを強調する語です。

### 基本文例

> この仕事は、○○の分野に詳しい佐藤さんに①
> ②ぜひとも③お願いしたいのです。

## Point-1
① 「佐藤さんに」の「に」は動作の対象を示す格助詞。「で」ではなく「に」で表すことで、相手を限定し「佐藤さんにこそお願いしたい！」という意味合いを強めています。

## Point-2
② 「ぜひとも」は強く願うときに使うフレーズの一つ。「お願いしたい」気持ちをより強調しています。

## Point-3
③ 「お願いしたいのです」と「の」を加えることで、「お願いしたい」気持ちをより強調した表現になっています。

### NGフレーズ
**佐藤さんでいいので、お願いします。**

ここで使われている「で」は、「仕方ないので」という意味合い。「誰がしても同じ」と感じられ、うれしい表現ではありません。

### NGフレーズ
**人がいないから、とりあえずお願いしていいですか。**

これも失礼な表現。「○○を頼みたいのですが、ご都合はいかがですか」だけの方がずっと感じがいいです。

**応用フレーズ**

### ありがとうございます。佐藤さんにお願いしてよかったです。

結果に対して、相手を称賛するときに使うフレーズが「〜にお願いしてよかった」です。ここでも「に」で相手を限定しています。

**応用フレーズ**

### この仕事をお願いできるのは佐藤さんしかいません。

「しか」の後に「いません」という打ち消しの語を伴うことで、その人以外は考えられないという意を表しています。「佐藤さんしかお願いできる人はいません」とも書きかえられます。

**応用フレーズ**

### この仕事は、佐藤さんだからお願いするのです。

「佐藤さんだからこそ」お願いするという意。逆にいえば「佐藤さんでないとできない仕事」という意味合いが込められています。「佐藤さんでないとお願いできません」とも書きかえることができます。いずれも、相手を説得するときや口説くときに有効な表現。

---

**コラム　上げる一言、下げる一言**

人から言われて、うれしい言葉とそうでない言葉があります。ものは言いようで、ちょっとした一言が人のやる気を引き出すこともあれば、落ち込ませてしまうこともあります。

会話であれば、「あ、しまった」と思った瞬間、言いかえたり、フォローすることもできますが、メールの場合はその一言が致命傷になることも…。

「適当に」とか「何でもいいので」「とりあえず」という表現はモチベーションを"下げる"言葉。その場しのぎの感がぬぐえない表現です。一方、相手を特定する「に」「しか」「だから」には、その人以外には考えられない、その人でないとだめ、という期待と信頼が込められています。

自分が人から言われてうれしい言葉が、相手のモチベーションを上げる言葉でもあります。

# Q33

## 相手にデメリットのある依頼を受けてほしい

**A 解答**　マイナス面も隠さず、きちんと説明を。さらに、デメリット→メリットという順で書くと、同じ内容でもよさや魅力が際立つ効果があります。

---

**基本文例**

納期が短くて<u>申し訳ないのですが</u>、
①
今回ご対応いただければ、
<u>次回から</u>毎月発注しますので、
②
どうかよろしくお願いします。

---

## Point-1

①相手に無理なお願いをする場合に、一言添えるとよいフレーズが「申し訳ないのですが」です。同様の気遣いフレーズとして、文末に「ご無理を申しあげますが」を添える方法もあります。

## Point-2

②「納期が短い」というマイナス面を先に述べつつも、今回対応してくれたら、次回以降の「定期発注」が可能なことを伝えています。
このようにデメリットやマイナス要因を先に述べ、その後にメリットやポイントを挙げるようにすると、後述した内容が際立ち、魅力的に感じられる効果があります。

---

**NGフレーズ**

次回から定期発注するので、
短納期でも<u>対応してください</u>。

依頼のメールは、どのような条件、状況でも、「お願いする」という姿勢が大切。「使ってやる」というような高飛車なもの言いは反感を買うだけで、相手と良好な関係を築けません。

**応用フレーズ**

**A社の製品は他社に比べて決して安くはありませんが、精度が高く、メンテナンスにもこまめに対応してくれます。**

相手に「A社の製品は他社に比べて高いのではないか」と突っ込まれたとき、言い返す際に有効な切り返し方です。「高い」からこそ「精度がよく、メンテナンスも十分」であると主張できます。

**応用フレーズ**

**あいにく、○○は在庫がございません。
ですが、色違いで同じ仕様の製品でしたら
今日中に発送可能ですが、いかがでしょうか。**

「在庫がない」というマイナス要素を述べつつ、「ですが」と色違いの同製品はすぐに発送できることを伝える一文。依頼される側のアピールの仕方にも「否定して肯定」の公式が当てはまります。

## コラム 「で」の弊害

A案とB案、二つの案を提案してきた相手に返事するとき、あるいは仕事を依頼するとき、こんな風に言っていませんか？
「A案でいいのでお願いします」
「あなたでいいから、急いでお願いします」

メールでも口頭でも、「〜でいい」と選ばれたり頼まれたりするのは愉快なことではありません。たった一言ですが、「〜で」という言い方は、「どちらでもいいからとりあえず」「不本意だけど仕方ない」という諦めのニュアンスが感じられるのです。
「で」を「が」や「に」に言いかえたらどうでしょう。
「A案がインパクトがあっていいですね」
「急ぎの案件なので、あなたにお願いしたいのですが」

助詞を一文字替えるだけで、相手への敬意や信頼感が言葉から伝わってきます。

メール以外でも、飲食店でメニューを選ぶときに「私はこれでいいわ」「コーヒーでいいから」と、つい言っていませんか？
「これがいい」「コーヒーをお願いします」とニッコリ言えると素敵です。

目的別! 書き方のコツ

# Q34

## "押し売り"感のないメールを書くには?

**A 解答** いきなり"売らんかな"の姿勢丸出しのアプローチというのは、メールに限らず失敗の元。段階を踏んで攻めていく必要があります。

**基本文例**

① 初めまして。メールにて失礼いたします。
わたくしは、株式会社△△の佐藤と申します。

② 貴社のWebサイトを拝見し、ご協力を賜りたく、
ご連絡いたしました。

③ さて、弊社では○○という商品を取り扱っております。

## Point-1
①前触れもなく突然メールを送る場合の最初の挨拶は「初めまして」です。「メールにて失礼いたします」という一言を添えると、なお好ましいです。

## Point-2
②どのような理由でメールアドレスを知ったのかを伝え、このメールの目的を伝えます。「ご協力を賜りたく」は「ご協力をお願いしたく」としてもよいでしょう。

## Point-3
③相手の警戒心を解いてから、本題に入りましょう。

**NGフレーズ**

**突然のメールにて失礼します。**

本来は「突然ですが、メールにて失礼いたします」「突然メールをお送りして、失礼いたします」と書くべきところを簡略化しています。

## NGフレーズ

**つきましては、ぜひ、弊社の販売代理店として
ご契約をご検討いただきたくご案内をさしあげました。**

本題に切り込むときの定番フレーズが「つきましては」。挨拶もそこそこに、自己紹介の後、すぐに本題に入っても相手の警戒心の方が強く働き、受け入れられません。丁寧な言葉遣いでも、押しが強すぎると、慇懃無礼に映ります。

## 応用フレーズ

**突然メールをお送りする失礼をお許しください。**

やや大げさな印象ですが、前触れもなく突然メールを送る場合、「突然のメールを送る失礼を詫びる」という意味合いは伝わる一文です。

---

### コラム　早ければいいのか？

　広告依頼や情報取材の売り込みメールには、次のような共通したパターンがあります。
　①そつのない丁寧な言葉遣い
　②唐突なアプローチ
　③こちらの返答を待たず、話を先に進める
　言葉遣いが丁寧で、敬語の使い方もきちんとした文面ですが、言葉遣いの丁寧さと裏腹に押しが強いのが特徴です。
　なぜ、メールを送ったのか、どのようにしてアドレスを知ったのかという理由の説明は一切なく、1通のメールで一気にことを進めようと用件を畳みかけてきます。
　このように一方的に送られてくる売り込みメールでも、双方の目的や利害が一致しているのであれば、それでやり取りを進めれば問題のないことです。
　しかし、遠回りでも、相手を知り、自分のことを伝え、双方が納得しながら、一緒に階段を昇るように進めていくやり取りの方が好ましいと私は思っています。
　メールで済む事柄が増えましたが、相手との対話や、そこから生まれる信頼関係の構築まで簡略化してしまうのには抵抗を感じます。

# Q35 執筆(取材)依頼の書き方は?

**A 解答** どんな目的で、何について取り上げるのか、順序立てて具体的に伝えると、相手に意図が伝わり、取材や執筆が依頼しやすくなります。

## 基本文例

はじめてご連絡いたします。
① 広報誌「○○」の編集担当の佐藤と申します。

このたび、弊誌○月号にて
△△に関する特集を企画しており、 ②
△△分野の専門家である鈴木様に最新技術について
お話を伺いたいと思い、ご連絡いたしました。

③ 以下に企画概要をまとめましたので、ご覧いただき、
ぜひ、取材にご協力いただければ幸いです。

## Point-1
① まずは、自分の素性を明らかにします。媒体名や部署、担当名を伝えることから始めます。

## Point-2
② 取材（執筆）の目的と、どのような内容を相手に語って（執筆して）ほしいのかを伝え、協力をお願いします。執筆依頼の場合は「お話を伺いたいと思い」が「執筆をお願いしたいと思い」に替わります。

## Point-3
③ 掲載媒体の概要（発行部数、読者層、発行形態など）、企画名、ページ数、取材内容、取材希望日などを分かりやすく箇条書きにまとめ、後述しましょう。

**応用フレーズ**

**お忙しいところ、大変恐縮ですが、
ぜひ、取材にご協力いただけないでしょうか。**

多忙な相手に依頼する場合は、相手の都合を気遣う一言を。単に「取材をお願いします」とするより、配慮が感じられる一文になります。

**応用フレーズ**

**佐藤さんがご著書でお書きになっている○○について、
特に若い会社員が気を付けておくべきポイントを
解説していただければと考えています。**

「ご著書」「お書きになっている」「解説していただければ」など、敬語を使って丁寧に表現。取材の場合は「お話をお聞きしたい（お尋ねしたい）」というフレーズも使います。

**応用フレーズ**

**○○における最新技術やその活用事例について
お伺いしたいと存じます。**

「お聞きしたいと思います」でも失礼ではありませんが、より丁寧な表現が「お伺いしたいと存じます」です。

---

### コラム　取材依頼は電話か、メールか？

取材依頼の連絡は、通常は電話で打診するのですが、場合によってはメールで連絡することもあります。どんなときにメールで連絡するかというと…。

①相手に直通のメールアドレスを知っている
②つかまりにくい相手
③どんな取材かを伝えたい（URLを知らせ、詳細を伝えたい）

ただ、電話や文書での依頼より、メールでの依頼はやや略式な印象があるので、相手の状況を見て慎重に対処を。電話で相手に連絡がつかなかった場合に、メールで先に連絡しておき、後ほど再度電話するという方法もあります。

# Q36

## 目上の相手を誘うには？

**A 解答**
上司に一緒に行くことを呼びかける場合、「ご一緒しませんか」ではなく「一緒にいらっしゃいませんか」が適切です。

**基本文例**

今度の○○会のゲストスピーカーは
佐藤先生だそうです。
もし、①ご都合がよろしければ、
部長も②一緒にいらっしゃいませんか？

## Point-1
①喜ばれそうな提案であっても、まずは相手の都合に配慮し「もし、ご都合がよろしければ」と一言添えましょう。

## Point-2
②もともとの意味は「一緒に行きませんか」ですが、部下から上司に声をかけるのであれば、「行く」の尊敬語「いらっしゃる」を使い、「一緒にいらっしゃいませんか」とすると相手を立てて敬意を表す表現になります。

### NGフレーズ：部長もご一緒しませんか？

「ご〜する」は「ご案内する」「ご説明する」のように、相手に向かって自分がする動作に使い、相手を立てる謙譲語。「ご一緒しませんか」は、この「ご〜する」の謙譲語と混同したものと思われます。

### NGフレーズ：部長も一緒に行かれませんか？

「行く」の尊敬語は「いらっしゃる」「おいでになる」。上記の例文は「する」の尊敬語「〜される」と混同した例。

## NGフレーズ

### 部長も<u>どうですか</u>？

目上の相手に限らず、何について誘っているのかあいまいで不適切な表現。会話調の話し言葉に近く、書き言葉には適さない表現です。

### 応用フレーズ

**もし、ご都合がよろしければ、
部長も<u>一緒においでになりませんか</u>？**

元の意味が「一緒に行きませんか」であることから、「行く」の尊敬語である「おいでになる」を使い、「一緒においでになりませんか」とすることもできます。

### 応用フレーズ

**お声かけいただき、ありがとうございます。
よろこんで<u>お供いたします</u>。**

上司から客先などへ一緒に行くことを誘われた場合、部下から上司への返答は「お供いたします」が適切です。「お供させていただきます」という表現もあります。

### 応用フレーズ

**〇〇社主催のビジネス交流会に参加予定なのですが、
よい機会なので、佐藤さんも<u>一緒にいかがですか</u>？**

同僚や友人など、自分と同等の相手を誘う場合のフレーズが「(ご)一緒にいかがですか」です。

### 応用フレーズ

**〇日の新商品展示会ですが、
<u>今後の勉強にもなると思うので一緒に行きませんか</u>？**

「一緒に行きませんか」は、部下や後輩など、自分より目下の相手を誘う際のフレーズです。

---

- 基本の対応
- 書き出したい
- 挨拶したい
- 返信したい
- 依頼したい
- **誘いたい**
- 感謝したい
- ほめたい
- 謝りたい
- 断りたい
- 意見したい
- 催促したい
- 了承したい
- 知らせたい
- 結びたい
- 間違えやすい敬語

目的別！書き方のコツ

# Q37 上司に「ゴルフをしますか?」と尋ねたい

**A 解答**
「ゴルフをおやりになりますか?」は不適切。目上の相手に対しては「~なさいますか?」が敬語として適切です。

### 基本文例

部長は月にどのくらい、ゴルフの練習を<u>なさいますか</u>?①
私は週1回は練習場に通っているのですが、
なかなか上達しません。
機会があればぜひ一度、<u>ご指導いただけないでしょうか</u>。②

## Point-1
①「する」の尊敬語は「なさる」。「~しますか」と目上の相手に尋ねる際は「~なさいますか」が適切です。

## Point-2
②上司に「指導してもらう」ことをお願いしたい場合の敬語表現は、謙譲の「ご~いただく」が適切です。

### NGフレーズ 部長はゴルフは**おやりになりますか?**

「する」のくだけた表現が「やる」です。くだけた表現に「お~になる」という敬語表現を当てはめると、文全体がアンバランスになってしまいます。

### NGフレーズ 仕事の後、久しぶりに一杯<u>やりませんか?</u>

「やる」は便利な言葉ですが、書き言葉にするとくだけすぎて俗っぽい印象を与えます。「一杯どうですか」も会話調の言葉で、書き言葉には不向きです。

**応用フレーズ**

**佐藤部長は趣味でスキューバダイビングを
長年なさっていると聞きました。
今度、社内報で紹介させていただけないでしょうか？**

「している」の敬語表現は「なさっている」。「おやりになっている」は間違いなので、注意しましょう。

**応用フレーズ**

**安くておいしい魚を食べさせてくれる店を見つけたので、
今度、お付き合いいただけませんか？**

先輩を誘うようなときも「一杯やりませんか」より「お付き合いいただけませんか」の方がスマートです。

## コラム 「〜されてください」に注意

「試着されてください」
「住所を書かれてください」
　上記は、相手に何かを勧める場合の一文です。一見、敬語のようですが、文として収まりがよくありません。
「試着されてください」の「される」は「する」の尊敬語ですが、相手に行動を促す「〜ください」を付けて「〜されてください」とすると敬語としては不自然。この場合、尊敬の「なさる」を使い、「試着なさってください」と書きかえるとすっきりします。話し言葉であれば「試着なさいますか？」「試着なさいませんか？」と問いかける表現にすると、感じがよくなります。
「住所を書かれてください」は、尊敬の「れる」＋「ください」と表現するより、尊敬の「お〜になる」を使い、「住所をお書きになってください」、あるいは「住所をご記入ください」と書きかえることができます。
　何となく敬語らしくなるからと「される」や「れる」をむやみに付けるのは考えもの。例えば「少し休まれてください」は「少しお休みになってください」、あるいは「少し休まれてはいかがですか？」と問いかける表現に。「地図を見られてください」は「地図をご覧ください」が適切な表現です。

目的別！書き方のコツ

# Q38

## 残席のあるイベントへの参加を勧めるには?

**A 解答** 残席数を強調しつつ、「申し込みはお早めに」という文章の展開にするとすっきりします。無用にあおるのは見苦しいので注意を。

**基本文例**

> △△セミナーの<u>開催が近づいて</u>まいりました。
> ①
> <u>残席が5席</u>となりましたので、
> ②
> <u>早めのお申し込みをお待ちしております。</u>
> ③

## Point-1
① 「開催が近づいて」は、「開催日の○月○日が近づいて」「開催が1週後に迫って」のように、日数を具体的に表記してもよいでしょう。

## Point-2
② 残席数を具体的に伝えます。

## Point-3
③ 「お申し込みをお待ちしております」と結ぶと上品。「お早めの」という丁寧な表現もありますが、「お申し込み」「お待ちして」と「お」の付く言葉が続くので、ここでは控えます。

**NGフレーズ お申し込みお待ち申しあげております。**

文中に助詞が不足していると、丁寧な表現が使われているのに、会話調で切羽詰まった印象を与えます(会話にたとえると早口な感じ)。「セミナー開催、近づいてきました」「残席、わずかです」なども助詞が不足した例です。

**NGフレーズ**

### 残席わずか！　お申し込みはお急ぎください！！

チラシや広告ではないので、メールで畳みかけるようなあおり口調を使うのは避けましょう。感嘆符の「！」も多用すると、強調する効果は半減します。

**応用フレーズ**

### 若干ですが、残席がございますので、お申し込みをお待ちしております。

残席数を明示したくない場合は「若干」と表記してもよいでしょう。

**応用フレーズ**

### 残席が少なくなってまいりました。ご参加をご検討の場合は、早めのお申し込みをお願いいたします。

「残席わずか」を伝えるほかの表現として、「残席が少なくなってまいりました」もあります。「お申し込みをお待ちする」は「お申し込みをお願いいたします」と書きかえることもできます。

**応用フレーズ**

### △△セミナー参加の申し込み受付は、満席になり次第終了いたします。早めのお申し込みをお待ちしております。

最初に告知する場合は「満席になり次第終了」と表記しておくと、読み手には「申し込みを急ごう！」という心理が働き、効果的です。

**応用フレーズ**

### おかげさまで前回の当セミナーも好評をいただき、今回も参加申し込みがまもなく満席という状態です。

前回も今回も同様に人気が高いことをアピールした一文。「残席わずか」に対し「まもなく満席」という表現も効果的です。

---

基本の対応

書き出したい

挨拶したい

返信したい

依頼したい

**誘いたい**

感謝したい

ほめたい

謝りたい

断りたい

意見したい

催促したい

了承したい

知らせたい

結びたい

間違えやすい敬語

目的別！書き方のコツ

# Q39 手助けしてもらったとき、感謝を伝えるには?

**A 解答** 相手が自分のことを気にかけてくれたり、配慮を感じたりしたときに一言添えたいのが「お気遣いいただき」というフレーズです。

### 基本文例

> ○○の件では大変ご心配をおかけしました。
> ご迷惑をおかけしたにもかかわらず
> **お気遣いいただき**、心からお礼を申しあげます。

## Point

相手が思いのほか気にかけてくれていたと感じたとき、お礼の言葉とともに一言添えたいのが「お気遣いいただき」というフレーズです。
「お気遣い」と同じ意味合いのフレーズとして「ご高配」「ご芳情」などもありますが、やや硬い表現でもあるので、メールでは「お気遣い」「お心遣い」の方が自然です。

### NGフレーズ

**いろいろと気を遣ってもらい、すみません。**

同じ感謝の気持ちを伝えるなら、「〜してもらい」「すみません」といったラフな表現より、相手に敬意を払った丁寧な表現の方がより伝わります。

### 応用フレーズ

**身にあまるお心遣いをいただき、大変恐縮しております。**

「お気遣い」と同じ意味合いで、相手の心遣いや配慮に感謝の意を伝えるフレーズが「お心遣い」です。

**応用フレーズ**

**おかげさまで、○○の制作を滞りなく進めることができました。
改めてお礼を申しあげます。**

「お気遣いいただき」同様、相手の気持ちをくみ、その思いやりをありがたく思う気持ちを伝える一言が「おかげさまで」です。文頭に用い、感謝の言葉で結ぶと収まりがよくなります。

**応用フレーズ**

**最初は戸惑いましたが、
佐藤様のお力添えのおかげで
最後までやり遂げることができました。
ありがとうございます。**

「おかげさまで」同様、相手に感謝の意を伝えるフレーズが「〜のおかげ」です。「〜のおかげ」の前に相手やその行為を具体的に書くと実感のこもった一文になります。

---

### コラム　心遣いや力添えを表す言葉

「心遣い」について書くときは、自分の心遣いなのか、相手の心遣いなのかによって表現を使い分けましょう。自分側で使用する場合は「配慮」「留意」、相手に対して使用する場合は、「ご配慮」「ご高配」「ご芳情」「お引き立て」といった言葉を使い、以下のように書きます。

・（私が）十分に配慮いたしますのでご安心ください。
・（私が）気に留めておきます。

・田中様にはご配慮いただき、ありがとうございます。
・佐藤様のご高配を賜り、誠にありがとうございます。

また「力添え」について表現する際も、自分側で使用するなら「微力」、相手に対して使用するなら「ご尽力」「お力添え」といった言葉を下記のように使います。

・（私が）微力ながら、できる限り協力いたします。

・田中様にはご尽力いただき、感謝いたしております。
・佐藤様のお力添えのおかげで、無事完成いたしました。

---

基本の対応
書き出したい
挨拶したい
返信したい
依頼したい
誘いたい
**感謝したい**
ほめたい
謝りたい
断りたい
意見したい
催促したい
了承したい
知らせたい
結びたい
間違えやすい敬語

目的別! 書き方のコツ

# Q40 贈り物に対するお礼のメールの書き方は？

**A 解答**
贈り物へのお礼には、「感激しました」「早速、おいしくいただきました」など、感想や自分の気持ちを表す一文を添えると相手にも様子が伝わります。

### 基本文例

このたびは①結構なお品をいただき、ありがとうございます。

②お贈りいただいた△△、大切に使います。
いつも気に留めてくださり、うれしく思っています。

③取り急ぎメールにてお礼まで。

## Point-1
①「結構なお品をいただき」は、そのときの状況に応じて「素敵なプレゼントをいただき」とか「新刊をお送りくださり」などに言いかえることができます。

## Point-2
②「お贈りいただいた△△、大切に使います」のように、いただいたものが気に入ったことを伝えると、儀礼的な文章でなく、実感のこもった一文になります。相手への気遣いをうれしく思う気持ちも併せて伝えましょう。

## Point-3
③お祝いの品や贈り物をいただいたときは、お礼の言葉はなるべく早い段階で伝えるのが得策。相手にも、品物が届いたことが分かります。
スピーディーではありますが、メールはあくまで略儀なので相手に対面するときには、改めてお礼を述べることをお勧めします。

**応用フレーズ**

### このたびは<u>思いもよらぬ</u>贈り物を頂戴し、<u>感激しております</u>。

「思いもよらぬ」「感激」といった心情を表す言葉を使うと実感のこもったお礼の一文になります。

**応用フレーズ**

### このようなお心遣いをいただき、<u>厚くお礼申しあげます</u>。

相手の心遣いに深い感謝の気持ちを伝える、改まったお礼の一文です。「厚くお礼」は「心からお礼」と書きかえてもよいでしょう。

**応用フレーズ**

### このたびは結構なお品を<u>ご恵贈にあずかり</u>、心からお礼を申しあげます。

「恵贈（けいぞう）」は人から物を贈られる際に贈り主を敬って使う謙譲語。立場が上の人から自分や自分側に品物が贈られた際に使うより丁寧な表現です。「ご恵贈にあずかり」のほかに「ご恵贈を賜り」という表現もあります。

**応用フレーズ**

### 本日、<u>心ばかりの品をお送りしました</u>。
### 最近、地元で話題になっている名産品です。
### 気に入っていただけるとうれしく思います。
### 今後ともどうぞ変わらぬお付き合いをお願いいたします。

お返しを送る際の定番フレーズとしては「心ばかりの品をお送り（いた）しました」が定番です。
お返しの品のことを「つまらないもの」とへりくだって表現する場合もありますが、せっかく贈るのですから表現を工夫して、「地元の名産品」「お勧めの逸品」など、具体的に述べるとよいでしょう。
「気に入っていただけるとうれしく思います」に代わり「ご笑納ください」というフレーズを添えることもあります。
最後は「これからもよいお付き合いをお願いします」という意味合いの一文で締めくくります。

目的別! 書き方のコツ

# Q41 目上の相手に「ご苦労さま」は失礼?

**A 解答**
「ご苦労さま」は目上の者から目下の者へかけるねぎらいの言葉。目下の者から目上の人へは「お疲れさまです」が適切です。

### 基本文例

> 昨日はお疲れさまでした。
> ①
> 佐藤部長の采配のおかげで、イベントも大成功でした。
> ②
> 担当者一同、感謝しております。
> ③

## Point-1
① 仕事やイベントを終え、関係者がお互いに労をねぎらうときにかけ合う言葉が「お疲れさま」です。上下関係にかかわらず使えるフレーズですが、目上の相手に対しては「お疲れさまでございました」という表現もあります。

## Point-2
② 相手の功績をたたえる際に使えるフレーズが「〜のおかげで」。ここでは、イベント成功の要因が上司の采配にあることを伝えています。誰の、何の「おかげ」かを具体的に書くようにしましょう。

## Point-3
③ 冒頭の「お疲れさまでした」を最終的に感謝の言葉につなげると、収まりがよくなります。

### NGフレーズ
**昨日はご苦労さまでした。**

「ご苦労さま」は目上の者から目下の相手へかける言葉。上司に対しては「ご苦労さまです」ではなく「お疲れさまです」が適切。上司から部下に対して「ご苦労さまです」を使うのは問題ありません。

## NGフレーズ
**昨日はお疲れ！**

「お疲れ」は単なる略した言葉。メールに書くなら「お疲れさまです」「お疲れさまでした」と、最後まで言葉を続ける方が好ましいです。

## 応用フレーズ

**昨日はありがとうございました。**
**佐藤部長がサポートしてくださったおかげで、**
**イベントも大成功でした。**

目下の者が目上の相手の労をねぎらうことは基本的にありません。ですから、目上の相手の手を煩わせたり、労力をかけてしまったような場合は「お疲れさまでした」よりも、「ありがとうございました」と感謝の言葉をストレートに伝える方が適切です。

---

### コラム 「お疲れさまです」も過ぎたるは…

挨拶代わりに「お疲れさまです」を使うケースが増えています。確かに、状況によっては「お疲れさまです」に代わる言葉が見つからない場合もあります。例えば、退職する相手には「長い間、お疲れさまでした」がしっくりきますし、同じ部署の上司が「じゃあ、お疲れさま」と退出するときも思わず「お疲れさまでした」と返してしまいます。

一方で、「お疲れさまです」は「ご苦労さまです」同様、目上の相手に使うのは失礼だとする意見もあります。というのは、ねぎらいの言葉としての「お疲れさまです」は、本来、同等以下の相手にかける言葉だからです。日ごろの仕事ぶりや様子をよく知らない目上の人には「お疲れさまです」を使わないほうが無難でしょう。

便利なフレーズも過ぎたるはなお及ばざるが如し。十把ひとからげに「お疲れさまです」で片付けず、自分の中に基準を持ち、使う場と間合いをその都度考えてみることも必要かもしれません。臨機応変に、「お疲れさまです」を「ありがとうございました」と言いかえて、感謝の意を具体的に伝えるのも一つの方法でしょう。

目的別! 書き方のコツ

# Q42 目上の人に世話をかけてしまったときは？

**A 解答** ねぎらいや人を評価する言葉をかけるのは、目上の者から目下の相手に対してのもので、目下の者から目上の相手に使うのは失礼にあたります。

### 基本文例

○○の販売イベントでは
お忙しいところ、駆けつけてくださり、
① <u>ありがとうございました。</u>

② <u>おかげさまで、</u>これといったトラブルもなく、
○○も完売いたしました。

## Point-1
①感謝の言葉の基本は「ありがとう」。何について感謝しているかを具体的に述べると、実感を伴って感謝の気持ちが伝わります。ここでは、多忙の身でありながら、イベントの応援に加わってくれた上司の対応に対して感謝の意を伝えています。

## Point-2
②「おかげさま」は、目上の相手に限らず、相手の心遣いや手助けをありがたく思う気持ちを伝える言葉。相手の行動や配慮によって成果が得られたことを伝える際に適したフレーズです。

### NGフレーズ

お忙しいところ駆けつけていただき、<u>すみませんでした。</u>

「すみません」は「すまない」の丁寧語。感謝の意は伝わりますが、「ありがとう」の方がより前向きで好印象を与える言葉です。

**応用フレーズ**

**お忙しいところ、駆けつけてくださり、
スタッフ一同、とても感謝しています。**

「ありがとうございます」に次ぐ、感謝の気持ちを伝える言葉が「感謝しています」です。

**応用フレーズ**

**ご多忙のところ、早急に対処してくださり、
ありがたく思っています。**

「ありがたく思っています」も感謝の意を伝えるフレーズの一つです。

**応用フレーズ**

**○○の件では、多大なご協力を賜り、
心からお礼を申しあげます。**

感謝の意を伝える改まった表現が「お礼を申しあげます」です。

**応用フレーズ**

**○○について詳しく教えていただいたおかげで
予定より早く処理することができ、勉強になりました。**

相手に教わったり、回答してもらったりした際に感謝の意を伝えるフレーズが「勉強になりました」です。「参考になりました」より役に立ち、身に付いたことが伝わります。

**応用フレーズ**

**本来はわれわれが処理しなければならないところ、
お手数をかけました。**

相手の手を煩わせたことに対する感謝と恐縮の気持ちを伝える言葉が「お手数をかけました」です。

# Q43 「助かりました」は失礼？

**A 解答** 自分に対して手を貸してくれた相手をねぎらうときに使う言葉と捉えると、目上の者から目下の相手にかける言葉としては適切ですが、その逆は適しません。

### 基本文例

佐藤様にお力添えいただいたおかげで、①
A社との商談がまとまりました。
ありがとうございます。②

## Point-1
① 「おかげで」を使うことで、よい成果を得た要因・理由が特定されます。この場合は、佐藤氏がA社に働きかけたことで、商談がまとまったことが分かります。このように、成果の要因や理由を明らかにするときに「おかげで」を使うと効果的です。

## Point-2
② 「ありがとうございます」の代わりに感謝の意を伝えるフレーズとしては「感謝しています」「ありがたく思っています」「お礼を申しあげます」があります。

### NGフレーズ
**佐藤様のおかげで商談がまとまり、助かりました。**

「助かる」とは、自分に対して何かしらプラスになること（作業や労働など）をしてくれた相手をねぎらうときに使う言葉と捉えると、目上の者から目下の相手にかける言葉としては適切ですが、その逆の使い方は少々具合が悪いということになります。
取引先や上司に対して「助かりました」を使うのは控えた方が無難でしょう。

**応用フレーズ**

**○○の件、佐藤さんが引き受けてくれて助かりました。**

上司が部下の労をねぎらって「助かりました」「助かったよ」を使うのであれば、問題ありません。

**応用フレーズ**

**明日中にご返信いただければ幸いです。**

「ご返信いただければ助かります」も、目下の相手に対して使うのは問題ない一文ですが、目上の相手に対しては「助かります」よりも「幸いです」とする方が適切。
このほかに「幸甚です」「幸いに存じます」という、より丁寧な表現もあります。

---

### コラム　「助かりました」を使えるのは上司だけ？

「助かりました」についての捉え方は以下の二つに分かれるようです。

①目上の者から目下の相手へねぎらいの意を伝えるのに使う
②目上、目下にかかわらず「助けてもらった」ことへの感謝の意を表すのに使う

①のように目上の者から目下の相手へのねぎらいの言葉と捉えれば、場合によっては相手に失礼になる状況も生まれます。

例えば、上司から部下に労をねぎらって「君が手伝ってくれて助かったよ」はOKでも、部下から上司に「佐藤課長にお手伝いいただき、助かりました」はNGということになります。

使い方としては「ご苦労さま」の使い方に通じるものがあるようです。実際、「助かりました」と部下や年下の人から言われて、うれしいと感じる人もいますが、一方で違和感を覚えたり、不快に感じる人もいます。

「助かる」はねぎらいの言葉と捉え、目上の相手には「ありがとうございました」「感謝しています」など、「助かりました」にかわる言い回しで感謝の意を伝える方が、受け入れられやすいのではないでしょうか。

# Q44

## 職場の人に「さすが」と言いたいのだが

**A 解答**
部下など目下の相手になら「さすが」と"評価"しても問題ありませんが、それ以外の場合は"感謝"の言葉を伝える方が自然で好ましいです。

### 基本文例

○○の件ではご対応くださり、<u>ありがとうございます。</u>
　　　　　　　　　　　　　　　①
佐藤部長にご指示いただいた通り、整理してみたところ、
②<u>予定より早く資料を提出することができ、
先方にも喜ばれました。</u>

## Point-1
①文頭でも、文末でもよいので、「ありがとうございます」の一言を。

## Point-2
②上司に対しては「さすが、佐藤部長ですね」という言葉よりも、上司の発言や指示を挙げ、その結果、どのような成果があったかを具体的に述べる方が感謝の意は伝わります。
この場合は、部長の「指示通り整理した」結果、「予定より早く提出」でき、「先方（客先）にも喜んで」もらえたという成果を伝えています。

### NGフレーズ
**さすが、佐藤部長。指示が的確ですね。**

「さすが」には、「たいしたものだ」と相手を評価する意味が含まれています。ですから、部下が上司に対して使うのは目下の者が目上の相手をほめることになり、失礼にあたるため、避けた方がよい表現です。

**応用フレーズ**

> 鈴木さんは、<u>さすが</u>この分野においてはベテランですね。
> 仕事が早くて助かりました。

上司が部下に対して使うのであれば、「さすが」「助かりました」ともに問題はありません。「さすが」という表現は「期待通りのでき」「お願いしてよかった」と、相手に一目置く気持ちが込められています。上司が部下を評価する際に使うにはよい表現です。

**応用フレーズ**

> 的確なご指示をいただき、
> <u>おかげさまで</u>、予定より早く
> 資料を提出することができました。
> ありがとうございます。

望ましい結果を出せたのは、上司の指示のおかげであることを伝える一文。部下から上司への感謝の意を伝えるフレーズとして、「さすが」より「おかげさまで」がしっくりきます。

**応用フレーズ**

> ○○の件では、ありがとうございました。
> 予定より早く資料を提出できたのも
> 佐藤部長のご指示の<u>おかげ</u>です。

「おかげさまで」同様、上司の助力によって望ましい成果を得ることができた感謝の意を伝えるフレーズが「〜のおかげ」です。

---

**コラム　ほめてはいけない場合もある**

「さすが」のように、上司が部下に対して使えば称賛の意味合いを持ちますが、部下から上司に使うと見下したような印象を与える言葉があります。
　ほめること自体は相手をやる気にさせる行為ですが、目下の者が目上の相手をほめたのでは、相手を"評価"することになり、逆効果であることを覚えておきましょう。

---

基本の対応
書き出したい
挨拶したい
返信したい
依頼したい
誘いたい
感謝したい
**ほめたい**
謝りたい
断りたい
意見したい
催促したい
了承したい
知らせたい
結びたい
間違えやすい敬語

目的別! 書き方のコツ

# Q45 目上の人を「ほめる」のは失礼?

**A 解答** 部下が上司を「ほめる=評価する」ことになり、適切ではありません。自分の感想や感謝の意を伝える表現に言いかえてみましょう。

### 基本文例

営業手法についてのアドバイス、<u>ありがとうございます</u>。
　　　　　　　　　　　　　　　　①
経験に基づいた部長のお話はいつも大変<u>勉強になります</u>。
　　　　　　　　　　　　　　　　　　　②

## Point-1

① 「すごい!」という気持ちを伝えるなら、下手にほめるより、まずは「すごい人が上司でありがたい」という感謝の意を伝えることから始める方が自然です。

## Point-2

② 部下から上司へのメールでは、相手を評価する表現ではなく、尊敬の意を伝える表現がふさわしいです。ここでは「勉強になります」がそれに相当します。

### NGフレーズ
**部長は営業のことを<u>よくご存じですね</u>。**

自分より経験もキャリアも上の上司が自分より物事を知っているのはあたり前の話。自分では感心したと伝えたつもりでも、上司からすると部下に感心されるのは見下されているようで不愉快です。

### NGフレーズ
**部長のお話は大変興味深く、<u>参考になりました</u>。**

「参考」というのは、自分の考えをまとめたり、決めたりするときに補足的に取り入れるという意味合いを持つ言葉。この場合、「参考になりました」より、学びや気づきを得たという意味を表す「勉強になりました」の方が適切な表現です。

## NGフレーズ

### 課長はゴルフがお上手ですね。

「お上手です」と敬語で表現しても、結局は部下が上司を"評価"していることになるので、表現としては不適切。「さすがですね」「感心しました」「たいしたものです」という表現も同様です。

## 応用フレーズ

### ◯◯のクオリティの高さには感銘を受けました。

目上の相手に対しては「すごい」と直接的に評価するのではなく、どういうところに心を動かされたかを伝える方が好ましい表現になります。「感銘を受けました」のほかに「感服いたしました」「敬服いたしました」という表現もあります。

## 応用フレーズ

### 地道な活動を続けておられる部長には頭が下がります。

「頭が下がる」とは相手の行いに対し敬服する意。上司の行いや姿勢に対する敬意を込めた称賛のフレーズです。

## 応用フレーズ

### 私の語学力など、部長の足元にも及びません。

「足元にも及ばない」は、相手がすぐれていて比べものにならないという意。レベルの差を示すことで、相手の優秀さを際立たせる効果のある表現です。

---

### コラム　目上の相手に使わない方がよい表現

ほめ言葉以外にも、目上の相手に使わないほうがよい表現がいくつかあります。例えば、「お久しぶりです」より「ご無沙汰しています」が目上の相手に対しては適切な表現です。

お祝いの表書きも「寸志」「薄謝」は目上の相手にはNG。年賀状の「賀正」「初春」「迎春」といった二文字の賀詞は、目上の者から目下の相手に使う言葉なので、部下から上司へ送る年賀状では控えた方がよいでしょう。

---

目的別! 書き方のコツ

# Q46 「うまい」「すごい」以外のほめ方は?

**A 解答**
ほめるポイントを明らかにし、その点に焦点を当てて「こういう点が○○」と具体的に表現すると相手の気持ちにも強く訴えかけることができます。

### 基本文例

佐藤さんは仕事が早くて確実なので、
①
安心してお願いできます。
②

## Point-1
①単に「うまい」「すごい」と一言で片付けず、相手の「どういうところ」が優れているのかを具体的に挙げます。ここでは、佐藤さんの「仕事を早く確実にこなす能力」がほめる際のポイントです。

## Point-2
②相手の優れた点を挙げ、「だから、○○」であると結論付ける一文にすると、より説得力のあるほめ方ができます。

### NGフレーズ
**佐藤さん、すごいですね。**

「すごい」「うまい」「素晴らしい」など、相手を称賛する形容詞はたくさんありますが、どのような点がすごいのか、うまいのか、素晴らしいのかを具体的に述べる方が相手に伝わります。

### NGフレーズ
**何とも言いようがないですが、いいんじゃないでしょうか。**

どこがいいのか悪いのか、言いたいことがあやふやで要領を得ません。どっちつかずのあいまいな表現は、相手に対しても失礼です。

**応用フレーズ**

**こちらの文面の方がインパクトがあって面白いですね。**

AとBを比べて評価する場合も「こちらの方がいいですね」で終わりにせず、どのような点が決め手になって選んだのか、理由を挙げると説得力があります。

**応用フレーズ**

**ご提出いただいたデザインですが、いい感じに仕上がっていますね。**

実際に、具体的にどこをどうほめていいか分からない、どの点を評価してよいか分からない場合に使えるフレーズが「いい感じ」です。

**応用フレーズ**

**佐藤さんにはいつも早めに対処していただき、ありがたく思っています。**

相手を評価する際、「いつも」という表現を添えるようにすると、今だけでなく継続して評価されていることが相手に伝わります。相手の日々の努力や姿勢に対する賛辞を表す言葉といえます。

---

### コラム　「すごい」と「すごく」の違い

「すごい」はもともと形容詞で、程度や状態がはなはだしいことを表す言葉です。「すごい」の連用形が「すごく」です。下記のように使い分けます。

- 名詞の前に付くのが「すごい」
  例：すごい映画　すごい人気
- 形容詞などの前に付くのが「すごく」
  例：すごくかわいい、すごく高い

ところが、最近では「すごいおいしい」「すごいきれいな」というふうに、本来「すごく」として使うケースでも「すごい」と言うことが増えてきました。とはいえ、「すごい」「すごく」の使い分けの基準を知っていれば、メールでもスマートに使いこなせます。

# Q47

## 「忘れてました」に代わる言葉は？

**A 解答**
「忘れてました」は相手を落胆させる言葉。代わるフレーズとしては、「失念しておりました」「〜しそびれました」があります。

### 基本文例

> ○○の件ですが、
> 先ほどの打ち合わせでお伝えするのを
> <u>失念しておりまして、</u>①
> <u>大変失礼いたしました。</u>②
>
> お渡しするつもりで用意していた資料を
> 取り急ぎ添付いたしますので、ご確認ください。

## Point-1
① 知っていたことを思い出せないこと、それが「失念」です。

## Point-2
②「失念」の後にそれをフォローする「失礼いたしました」の一言が添えられていると、より丁寧な印象を与えます。

### NGフレーズ
**先ほど、お伝えするのを<u>うっかり忘れてました。</u>**

不用意に「忘れてました」と書くと、相手は「自分はその程度にしか扱われていなかったのか」とがっかりすることもあります。

### NGフレーズ
**さっき<u>言い忘れた</u>んですが、
○○提出の件、明日中にお願いします。**

依頼やお願いを後から「忘れていたので」と伝えるのは、相手にとって感じのいいものではありません。

## 応用フレーズ

**○○の件ですが、
先ほどの打ち合わせでお伝えしそびれていました。
取り急ぎ資料を添付いたしますので、
ご確認いただけないでしょうか。**

「〜そびれる」は、機会を失ってしまってできなかった意を表すフレーズで、動詞の連用形に付きます。「うっかり忘れていました」よりも感じのよい表現です。

## 応用フレーズ

**直接、お礼を申しあげるつもりが、機を逸してしまい、
大変失礼いたしました。**

「機を逸する」とは、物事をするのによい時機を逃がすことを意味します。やや硬い印象を与えるフレーズですが、改まったメールを書く際に使える表現です。

## 応用フレーズ

**当方の不手際で大変ご迷惑をおかけしましたこと、
深くお詫び申しあげます。**

何かをし忘れたことをミスと捉え、「不手際」と称することもあります。深刻な事態を招いた場合などに使うフレーズです。

---

### コラム　マイナスの印象を与える言葉

　うっかり忘れることは誰にでもあります。しかし、仕事のやり取りで、そのまま「忘れてました」と書くのは考えもの。「忘れる」と同様に「聞きもらす」「書き落とす」もマイナスのイメージを相手に与える言葉です。「〜もらす」「〜落とす」というのが直接的に欠陥やミスを連想させる言葉だからかもしれません。
　「忘れる」に「うっかり」や「つい」という言葉が付くと、やはりマイナスなイメージを増幅させてしまいます。相手を軽んじている印象を与える負の言葉は、使用を避けたいものです。

# Q48

## お詫びするとき、感じのよい表現は?

**A 解答**
お詫びや断りのメールを送るとき、一言添えると感じのよいフレーズが「せっかく」です。相手の意に沿えず残念に思う気持ちを伝えます。

### 基本文例

> <u>せっかく</u>お時間をとっていただきながら、
> ①
> こちらの都合で変更をお願いする<u>失礼をお許しください</u>。
> ②

## Point-1
① 「せっかく」は、わざわざという意味で使われますが、相手が自分のために都合をつけてくれたり、力を尽くしてくれたことを思いやるフレーズでもあります。
相手にお詫びするとき、一言「せっかく」を添えることで、残念に思う気持ちが伝わります。

## Point-2
② お詫びの気持ちを伝えるフレーズの一つが「〜する失礼をお許しください」です。「お許しください」にかわり「ご容赦ください」を使うこともあります。

### NGフレーズ
**都合により、時間を変更<u>していただきます</u>。**

「〜していただきます」は丁寧な表現のようで、使い方によってはとても高飛車な印象を与える言葉でもあります。この場合も、一方的に変更を言い渡している感があり、好ましくありません。

### NGフレーズ
**<u>ちょっと都合が悪くなったんで</u>、
時間の方、<u>変更してもらっていいですか？</u>**

相手への敬意が感じられない表現は、印象を一層悪くします。こち

らの都合で変更をお願いするようなときは、なおさら言葉遣いに注意し、礼を尽くした表現を心がける必要があります。

### 応用フレーズ

**せっかく声をかけていただいたのに
お役に立てず、心苦しい限りです。**

相手からの依頼や申し出に応えることができないときも、冒頭に「せっかく」を添えると、申し訳なく思う気持ちが強く伝わります。詫びる気持ちを伝えるフレーズの一つとして「心苦しい」という表現も覚えておきましょう。

### 応用フレーズ

**せっかくお誘いいただいたのに、
都合がつかず申し訳ありません。
残念ですが、今回は参加を見送ろうと思います。**

誘われたけれど、ほかに予定があり参加できないときのお詫びの一文。「残念ですが」を添えると「○○したい気持ちはやまやまなのに…」というニュアンスが伝わります。

### 応用フレーズ

**わざわざ資料をお持ちいただいたのに
不在にしていて、申し訳ないことをしました。**

「せっかく」に代わるフレーズが「わざわざ」です。何かのついでではなく、特にそのためだけに相手が行動してくれたことを気遣う意味合いが込められた言葉です。

### 応用フレーズ

**せっかくのご厚意に応えられず、申し訳ございません。
お気持ちはありがたく頂戴いたします。**

丁重にお詫びする際にも「せっかく」を添えると、相手の気持ちに配慮した一文になります。

# Q49 間違ってメールを送ったときは？

**A 解答** 送信ミスをしてしまったら、速やかに相手にお詫びの連絡を。併せて、送信してしまったメールの削除をお願いします。

## 基本文例

先ほど、下記のメールを
鈴木様のアドレスに誤って送信してしまいました。
紛らわしいことをしてしまい、<u>申し訳ございません。</u>
　①

　送信日時：20XX/01/23 12:34
　差出人：佐藤太郎　○○株式会社　 ②
　件　名：△△納品の件

<u>お手数ですが、上記のメールの削除をお願いいたします。</u>
③

## Point-1
①誤送信に気づいた時点で、すぐにその旨を相手に知らせ、お詫びの言葉を述べます。

## Point-2
②相手に誤送信してしまったメールが判別しやすいよう「送信日時」「差出人」「件名」を明記して知らせます。

## Point-3
③至急、誤送信メールの削除をお願いします。自分のミスで相手の手を煩わすので、「お手数ですが」の気遣いの一言を添えることも忘れずに。

## NGフレーズ
**さっき送ったメールは間違いなので、至急削除してください。**

「さっき送った」では、どのメールか判別できません。どのメールか区別できる送信日時などの具体的な情報を送りましょう。

### 応用フレーズ

**昨日X月XX日（月）12時34分に送信した
件名「△△」のメールは
誤って送信したものです。**

**混乱を招くようなことをしてしまい、
大変申し訳ございません。
恐れ入りますが、至急削除をお願いいたします。**

誤送信を知らせる際、送信した時間と件名が明記してあれば、相手は判別できます。例文のように文中に書いて知らせる方法もあります。削除のお願いの前に「恐れ入りますが」と一言添えることで、恐縮している気持ちを伝えます。

### 応用フレーズ

**本日12時34分、○○会員の皆様に
件名「○○会員交流会のご案内」のメールをお送りする際、
本来、Bccにてお送りすべきところを
誤ってCcにて送信する事態が発生いたしました。**

**会員の皆様には大変ご迷惑をおかけし、
申し訳ございません。深くお詫び申しあげます。**

BccとCcの取り違えは、避けたいミスです。Ccは、送信先に送信対象者全員のアドレスが公開されてしまうため、当事者にとっては極めて迷惑。上記のお詫びはあくまで応急処置であり、早急に原因や今後の対策などを個別に報告する必要があります。
また、CcやBccの意味を知らない受信者もいると想定し、その用語解説や「〜名のメールアドレス（および氏名）が他の受信者に見える状態になっておりました」といった結果を付記すると、より親切です。

# Q50 急な依頼の上手な断り方は?

**A 解答** 急な依頼や要望に応えられない。そんなときは「できません」「無理です」と断らず、どこまでなら譲歩できるか考え、代替案を提示します。

### 基本文例

> ① 申し訳ございません。現在、別の仕事に取り掛かっており、13時までの対応が難しい状況です。
> ② 15時からでしたら対応できますが、いかがでしょうか?

## Point-1
① 相手の依頼に応えられない場合は、まず「申し訳ございません」と詫びてから、対応できない理由を伝えます。

## Point-2
② 対応できないからといってすぐ断るのではなく、「どうしたら対応できるか」を考え、相手に伝えましょう。この場合は、13時まではほかの仕事にかかっているので、それを済ませて15時からなら対応可能という案を示しています。

### NGフレーズ 今、忙しいので後にしてもらえますか。

「忙しい」のは自分だけではありません。対応できない理由を「忙しさ」のせいにするのは、自分の余裕のなさを表明するのと同じです。

### NGフレーズ 急に頼まれてもできません。

「できません」「無理です」と断ったのでは、相手はとりつく島がありません。拒絶の表現は口頭で言う以上にメールではきつく感じられるので、直接的な表現は避けましょう。

**応用フレーズ**

**あいにく、午前中に仕上げなければならない書類があります。
午後からは対応できますので、
お待ちいただくことはできないでしょうか?**

「あいにく」というフレーズを使うと、断るときも表現が和らぎます。断りっぱなしにせず、どうフォローできるかを考えて提示できるかがポイント。すぐには対応できない理由を述べるとともに、いつからなら対応可能かを伝えます。

**応用フレーズ**

**申し訳ないのですが、
10日はすでに予定が入っていますので
9日か11日ではいかがでしょうか?**

急な依頼の場合、すでに予定が決まっていて対応できないこともあります。そんなときは、指定の日の前後で都合はどうかと打診してみましょう。

---

### コラム　依頼する側も気を付けて!

急ぎの依頼をする場合、依頼する側にも配慮が必要です。よくあるケースが、急きょ体制を整え対応したら、仕事が終わった途端に相手からの音沙汰がなくなるというパターン。最低でも、対処してもらった事柄に対する結果や途中経過の報告は必要でしょう。例えば、
「おかげさまで納期に間に合いました」
「現在、先方で検討中ですので、
　結果が分かり次第ご連絡します」
「残念ながら、今回の企画は通りませんでした。
　せっかくご対応いただいたのに申し訳なく思っています」
という連絡です。

メールは記録として残り、気づいたときにすぐ伝達できるため、このようなときにこそ役立つツール。急な依頼、無理なお願いが通るか通らないかは、こうしたこまめな対応力が依頼する側にあるか否かにも左右されます。

# Q51

## 断りにくい誘いを上手に断るには？

**A 解答**
「行けません」「嫌です」など、相手の反感を買う言葉を避け、きちんと言葉を尽くして理由を述べるようにしましょう。

**基本文例**

お誘いいただき、ありがとうございます。①
あいにく、その日はすでに予定が入っており、②
参加することができません。
残念ですが、次回はぜひご一緒させてくださいね。
② ③

## Point-1
① 「すみません」より「ありがとう」と返信すると好印象を与えます。

## Point-2
② 「あいにく」「残念ですが」など、緩衝材になる言葉を添えると、文章が和らぎます。

## Point-3
③ 「次回はぜひご一緒させてくださいね」とフォローの一言を添えると、今回は出席できない残念な気持ちと次回は参加したいという意思が伝わります。

**NGフレーズ** すみませんが、その日はちょっと。

断る理由がはっきりせず、あいまいな印象を与える一文です。

**NGフレーズ** 都合で出席できません。

ストレートすぎて、そっけない印象を与えます。

**応用フレーズ**

> お声をかけていただき、ありがとうございます。
> 今日は<u>あいにく</u>友人と約束があり、
> ご一緒することができず<u>残念です</u>。

緩衝材になる言葉「あいにく」、感情を表す「残念です」を入れることで、文章全体が和らいだ印象になります。

**応用フレーズ**

> ありがとうございます。
> <u>せっかくのお話なのですが、あいにく</u>現在、
> 仕事が立て込んでおり、時間が取れそうにありません。

断る理由を述べる前に「せっかくのお話なのですが、あいにく」と添えると、断り方として丁寧です。

**応用フレーズ**

> ぜひ、ご一緒したいのですが、
> 今日は英会話教室の日で変更が難しい状況です。
> せっかく声をかけていただいたのに、<u>残念です</u>。

「参加できません」「行けません」より「〜が難しい状況です」の方が断り方としてはスマート。「残念です」で最後を結ぶことで、気持ちを伝えます。

---

### コラム　「すみません」より「ありがとう」を

「ありがとうございます」と言われて嫌な気持ちになる人はまずいません。文を「ありがとうございます」から始めることで、メール全体が肯定的、前向きな印象になります。

一方、「すみません」は謝るとき以外にもいろいろと使える便利な言葉ですが、正式な謝罪の言葉は「申し訳ございません」。「すみません」で始まるメールは、後に続く文章もネガティブな印象を与えやすいものです。

断る場合も「ありがとうございます」を効果的にメールに挿入することが、好印象を与えるメールにするコツです。

# Q52 贈答品を断るときのメールは?

**A 解答** 断りのメールは書きづらく、難しいものです。事務的で素っ気なくならないよう言葉を選び、相手の厚意に感謝しつつお詫びの気持ちを伝えましょう。

### 基本文例

このたびは結構なお品をお贈りいただき、
①ありがとうございます。大変恐縮しております。

②せっかくのお心遣いに応えられず、心苦しいのですが、
弊社では、お取引先からの贈り物は
お受けできないことになっております。

## Point-1
①冒頭でまず、相手の心遣いにお礼を述べます。続く「大変恐縮しております」の一文では、文字通り、相手の心遣いに対し恐縮する気持ちを伝えます。

## Point-2
②贈答品の類を受け取れないことを伝える前に、相手の厚意に応えられないお詫びの気持ちを添えると、丁寧で誠実な印象の一文になります。「申し訳ない」に代わるフレーズが「心苦しい」です。

### NGフレーズ

**当社へ贈答品をお送りいただくことは固くお断りしております。**

直接的すぎる表現は、相手の反感を買います。相手が厚意で贈ってくれていることに思いを馳せ、失礼のない断り方を工夫しましょう。メールの文章は話し言葉よりもキツイ印象を与えます。

**応用フレーズ**

**せっかくのお心遣いに応えられず、心苦しいのですが、
弊社ではお取引先様との公平なお付き合いのため、
贈り物はお受けできないことになっております。**

頭から拒絶するのではなく、受け取れない理由をきちんと述べることで、相手の理解を得ることができます。「せっかくのお心遣いに応えられず、心苦しいのですが」の一文を添えることで、恐縮している気持ちが伝わります。

**応用フレーズ**

**お気持ちだけありがたく頂戴し、
お贈りいただいた品は別便にてご返送いたしましたこと
どうか、ご容赦ください。**

左ページの基本文例に続く一文。返送を詫びるフレーズには「お気持ちだけありがたく頂戴し」のほか、「誠に勝手ながら」「不作法とは思いましたが」などがあります。

**応用フレーズ**

**せっかくお贈りいただいた品を
勝手ながらご返送する失礼をご容赦ください。**

受け取った品を返送する旨を伝える一文。「勝手ながら」は、相手への恐縮した気持ちを伝えるフレーズです。

**応用フレーズ**

**今後はこのようなお気遣いはなさらないよう
お願いいたします。**

やんわりと今後の贈答をお断りする一文。「結構です」「お受けできません」という拒絶の表現ではなく、「品物を送るような気遣いは無用ですよ」という意味合いが「お気遣いはなさらないよう」に込められています。「このようなお気遣いなきようお願い申しあげます」と書きかえることもできます。

---

基本の対応
書き出したい
挨拶したい
返信したい
依頼したい
誘いたい
感謝したい
ほめたい
謝りたい
**断りたい**
意見したい
催促したい
了承したい
知らせたい
結びたい
間違えやすい敬語

目的別! 書き方のコツ

# Q53 相手の間違いを上手に正すには？

**A 解答**　「あなたが間違っているので」ということを前提に文章を始めるより「間違いではないか、確認してみてください」という運びにすると感じがよいです。

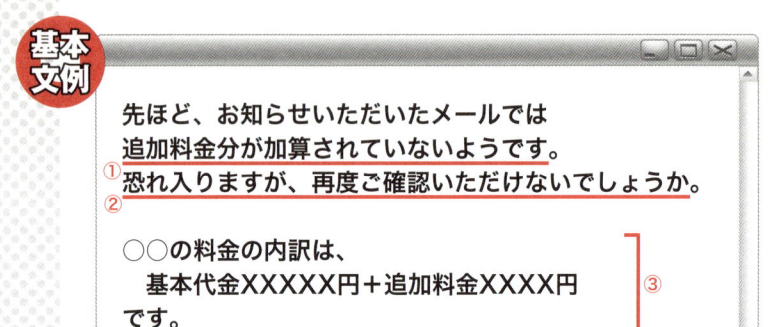

## 基本文例

先ほど、お知らせいただいたメールでは
<u>追加料金分が加算されていないようです。</u>①
<u>恐れ入りますが、再度ご確認いただけないでしょうか。</u>②

○○の料金の内訳は、
　基本代金XXXXX円＋追加料金XXXX円
です。　③

## Point-1
①間違いと思われる点をまず挙げ、相手に知らせます。ここで重要なのは、相手の間違いを責めることではなく、相手に間違いを認識してもらうことです。ですから、まず客観的な事実として、どこがどう違うかを述べます。

## Point-2
②最初から「～は間違っています」「～は違います」という決めつける表現ではなく、「間違いと思われるので、確認をお願いします」という運びの一文にすると相手も受け入れやすくなります。その際「恐れ入りますが」というフレーズを添えると、文章が和らぎます。

## Point-3
③相手が確認しやすいように情報を提示します。ここでは料金の内訳を明らかにすることで、相手に「追加料金」の見落としを知らせています。

**NGフレーズ** それは<u>間違っておられます</u>。

たとえ敬語を使っていても、断定した指摘の仕方は相手の反感を買います。

**応用フレーズ**

<u>入力ミスも考えられますので</u>、
<u>お手数ですが</u>、再度ご確認を<u>お願いいたします</u>。

想定される原因を挙げつつ、相手に確認を促す一文です。あくまで「お願いする」姿勢で表現するのがポイント。その際「お手数ですが」のように緩衝材になるフレーズを添えると、文章が和らぎます。

**応用フレーズ**

このたびご送付いただいた請求書の総計ですが、
X月X日付けの見積書の総計と<u>一致しておりません</u>。
<u>恐らく、記録の間違いと思われます</u>。

「一致しておりません」だけで文章が終わると、間違いを突き付けているようなキツイ印象を与えます。「恐らく、記録の間違いと思われます」という一文でフォローすることで、詰問調の文章になることを避けています。

---

### コラム　責めることが目的ではない！

　誰にでも間違いはあります。相手の間違いに気付き、それを知らせる場合、間違いをあげつらい、相手を責めるのが目的ではありません。相手に間違いを気付かせ、正しい結果を導き出すことが最終的な目的です。

　ですから、相手の感情を逆なでするような記述ではなく、事実を淡々と述べ、相手に確認を促すような文章を書くことを心がけましょう。

　一方的に相手を責めたり、相手が間違っていると決めつけるのではなく、一歩でも相手に近づき、理解の糸口を見つけられる表現を意識したいですね。

# Q54 反論・異論があるときの書き方は?

**A 解答** 感情をそのままぶつけるのではなく、書き手の意図を一度冷静に考えます。敵対するのではなく相手に歩み寄り、意見を交換する姿勢が肝要です。

### 基本文例

佐藤さんの<u>ご意見はごもっともです</u>。
　　　①

<u>しかしながら</u>、別の見方をすれば、
② ○○という方法もあると思います。
一度、<u>ご検討いただけないでしょうか</u>。
　　　③

## Point-1
①反論・異論がある場合でも、まず、相手の意見をいったん、受け入れることから始めましょう。

## Point-2
②相手の意見を受け入れた後、「しかしながら」「ただ」に続けて自分の考えを述べます。相手の意見を肯定してから、自分の意見を述べるようにすると衝突がありません。

## Point-3
③自分の考えを押し付けたり、一方的に主張したりするのではなく、「ご検討いただけないでしょうか」と相手に再考を促します。

### NGフレーズ
○○というのは<u>いかがなものかと思います</u>。

「いかがなものか」は、遠まわしに相手を批判する表現。結局は相手を否定することになります。

**応用フレーズ**

<u>確かにおっしゃる通りです。</u>
<u>ただ、</u>○○については次のようなことも
想定できるのではないでしょうか？

いきなり否定しても反感を買うだけ。まず、相手の考えを肯定し、受け入れます。その後、別の視点からの意見を相手に投げかけます。

**応用フレーズ**

<u>Aについては同感です。</u>
では、<u>Bについて佐藤さんはどのようにお考えですか？</u>

論点を整理しながら、「私はこのように考えるが、あなたはこの点についてどのようにお考えですか」と相手に歩み寄り、意見交換する姿勢を持つことが肝要です。

## コラム　感情をぶつけない

　ムカッとしたり、イラッと感じたりする内容の文章というのは、確かにあります。そのときの自分の精神状態や気分が「負」の状態に陥っているときは、普段はなんとも思わないことでも気に障ったり、反感を覚えたりすることが誰しもあるはず。

　でも、だからといって、その負の感情のまま相手にメールを送るのは、ただ感情をぶつけるだけで何の解決にもなりません。

　しかも、書いた方はそれで気が済み、書いたことすら忘れていたりしますが、受け取った側はそのメールで傷ついたり、悲しい思いをしていることがあります。

　書き手がなぜそう書いたのか、その意図を一度冷静に考えてみましょう。読んだ直後は、感情が高ぶっていることもあるので、少し時間を置いて、読み返してみます。

　それでも腑に落ちない、納得できないという場合は、客観的に意見をまとめ、本人に確認します。「こういう意見や考えもあるけれど、どう思いますか？」と相手に歩み寄り、意見を交換しようとする姿勢が大切です。

　読む側の誤解や早とちりということだってあります。ひと呼吸置いて、平常心でやり取りする術を身に付けたいですね。

# Q55 行き違いや誤解を伝えたいときは？

**A 解答**
言い訳をしたり、あいまいにしたりせず、言葉や配慮の足りなさから誤解を招いてしまった事実を認めたうえで、自分の意図をきちんと伝えることが大切です。

### 基本文例

佐藤さんのことを批判したつもりはないのですが、
そのように受け取られたのだとしたら、
①<u>私の表現に問題があったのかもしれません。</u>
②<u>大変失礼いたしました。</u>

## Point-1
①本来の自分の意図に反する結果を招いてしまった場合、相手を責めるのではなく、自分の表現にも問題があったことを認め、説明します。

## Point-2
②行き違いや思い違いがあったときの対応に役立つフレーズが「失礼いたしました」です。相手に迷惑をかけたり、手を煩わせてしまったことを詫びる気持ちを伝えます。

### NGフレーズ 私はあくまで一般論を挙げたまでです。

「だから、私は間違っていない」という気持ちを暗に訴えている一文。自分の主張だけを通し、一般論で強引に片付けようとする姿勢は好ましくありません。

### NGフレーズ そのような受け取り方をされて心外です。

上記の表現は反感を買うだけで、相手の誤解を解いたり、理解を得たりすることはできません。感情的なメールは避けましょう。

**応用フレーズ**

> ○○というご連絡をいただき、大変驚いています。
> 行き違いも考えられますので、恐れ入りますが、
> <u>再度ご確認いただけないでしょうか。</u>

心あたりのない指摘を受けた場合、行き違いや連絡ミスも想定されることを踏まえ、相手に改めて確認を依頼します。

**応用フレーズ**

> もし、本メールと行き違いで
> すでにご対応いただいておりましたら、
> <u>失礼をお許しください。</u>

時間差で、すでに相手が対応済みの場合を想定し、行き違いを詫びる一文。「失礼をお許しください」は「ご容赦ください」とも書きかえることができます。

**応用フレーズ**

> <u>言葉が足りず、誤解を招くような表現をしてしまい、</u>
> 失礼いたしました。

相手にうまく伝わらなかった場合、相手に理解力がないと責めるのではなく、こちらの表現が言葉足らずであったと伝えると角が立ちません。「誤解を招くような表現」は「誤解を招くような対応」と書きかえることもできます。

---

### コラム　相手がどう読むか想像してみる

　メールの場合、書いた方は意識していなくても、ちょっとした言葉の不足や思い違いで、相手が不快な思いをしていることもあります。誤解を避ける文章を書くためには、その一文を書いた後、相手はどのような気持ちでその一文を読むだろうか、受け止めるだろうかと、考えてみることです。
　相手との関係が良好なときはやりすごせるかもしれません。ネガティブな内容や相手との関係が嫌悪になっているときほど、感情を抑え、冷静に客観的に文章を書くことが重要です。

---

目的別！書き方のコツ

## Q56 送金を催促するには？

**A 解答**
相手の事情も鑑み、まずはメールで状況確認から。感情を抑え、責め口調ではなく確認することから始めましょう。

### 基本文例

△月△日付けにて①請求書をお送りしたのですが、
②お手元に届いておりますでしょうか？

①X月X日の時点でまだご送金がなかったため、
今一度、請求書送付について
ご確認をお願いする次第です。
③恐れ入りますが、
ご対応のほどよろしくお願いいたします。

## Point-1
①日時を明記し、事実関係を確認します。

## Point-2
②「お手元に届いておりますでしょうか？」と、まず請求書が届いているかどうかを打診します。実際に手元に届いていないことも考えられるので、最初から決め付けないように注意しましょう。相手に「気付かせる」文面にするのがポイントです。

## Point-3
③請求書が相手に届いていても、何らかの事情で対応が遅れていることもあるので「ご確認をお願いする次第です」と、今一度の確認を相手に促します。

**NGフレーズ**

> まだ入金がないのですが、どうなっていますか？
> 早急にご対応ください。

入金がないという状況に直面すれば、支払いの催促は当然の行為ですが、一方的な抗議口調は考えもの。相手の状況を無視して、むやみに急き立てたり責めたりするのは避けましょう。

**応用フレーズ**

> 前回、△月△日にご送金いただいてから、
> 次の送金がまだ確認できておりません。
> 送金予定日をお知らせいただけないでしょうか。

自分が支払う立場で、すでに支払いの意思と準備があった場合、相手の都合で責め立てられるのは不愉快なものです（有無を言わさず督促を要する場合はこの限りではありません）。相手の事情も鑑み、いきなり催促するのではなく、まずはメールで相手の状況を打診してみましょう。

**応用フレーズ**

> △月△日付けにて○○の代金の請求書をお送りしましたが、
> 本日現在、ご送金が確認できておりません。
> 恐れ入りますが、今一度ご確認いただきますよう
> お願い申しあげます。

先の文例よりも、やや強い調子の督促文。事実を端的に伝えるに留め、詰問調の文章にならないように気を付けましょう。「恐れ入りますが」のような緩衝材になるフレーズを添えると、文章が和らぎます。

**応用フレーズ**

> ご送金が確認できました。
> 早急にご対応いただき、ありがとうございます。

未入金の連絡をした後、送金が確認できた場合は、相手の早急な対応に対し、すぐにお礼のメールを送りましょう。

目的別! 書き方のコツ　123

## Q57 対応を催促するには？

**A 解答**
支払いに限らず、仕事の催促などでも、「一体どうなってるの？」と先走る感情をいったん抑え、まずは相手の状況を確認してから対応を考えます。

### 基本文例

先日、お願いした○○の進行状況はいかがでしょうか？①
一度、内容を確認したいので、
②○日までにご提出いただけると幸いです。

## Point-1
①まずは、相手の状況を打診します。

## Point-2
②具体的な提出期限をこちらから示すようにすると、ずるずると引き延ばされる事態をくいとめることができます。

### NGフレーズ
**○○の提出、なるはやでお願いします。**

「なるべく早く」の略語が「なるはや」。こうした俗なフレーズは軽々しい印象を与えるので、懇意な相手との内輪のやり取りで使うに留めます。ビジネスメールでは期日を指定し、きちんとした言葉遣いを心がけましょう。

### NGフレーズ
**まだ返却されてませんが、どういうことですか？**

返却を催促する場合も、相手を責め立てる口調は避け、相手の使用状況をまず確認。感情的なメールは、相手の心証を悪くし、トラブルのもとです。

**応用フレーズ**

**先日、お貸ししておりました○○の写真ですが、
会社案内制作のため必要となりましたので、
恐れ入りますが、至急ご返却をお願いいたします。**

貸し出したものの返却を催促する場合は、返却が必要となった理由を書き添えておきます。相手に何かしらのアクションを促す場合、「ご返却ください」だけで済まさず、「恐れ入りますが」や「お手数ですが」などの一言を添えると、丁寧で気遣いのある文になります。

**応用フレーズ**

**先日、依頼いたしました○○の件ですが、
納期の○月○日を過ぎても納品がなく、
いかがされたものかと案じております。**

「どうなっていますか」という直接的な尋ね方よりも「いかがされたものかと案じております」がスマート。行き違いや送信ミスの可能性も想定した尋ね方が適切です。

**応用フレーズ**

**○月○日に提出をお願いしておりました
△△の書類はお送りいただいておりますでしょうか?
お手数をかけて恐縮ですが、ご確認いただければ幸いです。**

相手の手違いによる未提出という事態も想定し、期日までに提出されていない事実を述べ、確認を依頼します。相手の提出忘れと最初から決めつけた尋ね方は、もし、行き違いだった場合などにしこりを残します。

**応用フレーズ**

**ご事情があるかと思いますが、
まずは現状をお知らせいただけると幸いです。**

上記のメールを送っても、反応がないときに使う一文。これに、事実を整理する文章や「行き違いでご送付いただいておりましたら、ご容赦ください」など相手を気遣う文章を添えましょう。

基本の対応

書き出したい

挨拶したい

返信したい

依頼したい

誘いたい

感謝したい

ほめたい

謝りたい

断りたい

意見したい

**催促したい**

了承したい

知らせたい

結びたい

間違えやすい敬語

目的別! 書き方のコツ

## Q58 相手からの返信を促すには?

**A 解答** 返信を待っている旨をきちんと伝えます。いつまでに返信が必要か、期日を指定すると、より返信率が高まります。

### 基本文例

①<u>お忙しいところ恐縮ですが、</u>
△△の出欠について
○月○日までにご返答をいただきますよう
②お願い申しあげます。

## Point-1
①文頭に「お忙しいところ恐縮ですが」のような緩衝材になる一言を添えると文章全体が和らぎます。同様のフレーズとしては「恐れ入りますが」「お手数ですが」などがあります。

## Point-2
②返信の期日を指定しておくと、相手からの返信の確率も高まります。

### NGフレーズ
**<u>お手隙のときで構いませんので</u>、ご返答をお願いします。**

忙しい相手だからと気を回して親切心で書いたつもりが、期日が指定されていないためにかえって相手を拘束し、負担をかけることもあります。「お暇なときにご返事ください」という表現も同様です。

### NGフレーズ
**ご返信は<u>いつでもよい</u>です。**

「いつでもよい」という表現だと、読む側が返信するのを忘れてしまう可能性も高くなります。

**応用フレーズ**

### それでは、ご返信をお待ちしております。

相手からの返信を求める場合の一般的な結びの一文。「ご返信」は「ご返事」「ご連絡」と書きかえてもよいでしょう。文末を「お待ち申しあげております」とすると、より丁寧な印象を与えます。

**応用フレーズ**

### ご連絡を心からお待ちしております。

「心から」は、返信を心待ちにしている気持ちや期待感を伝える表現です。同じニュアンスの一文としては「よいご返事をお待ちしております」もあります。
懇意な相手には、よりカジュアルな表現として「ご返信いただけるとうれしいです」と書きかえることもできます。

**応用フレーズ**

### ○○の業務を担当していただけるかどうかだけでも至急ご連絡いただければ幸いです。

返信を要する項目を具体的に挙げた一文。急ぎの返信を要する場合に、項目を特定して述べると、より返答しやすくなります。

**応用フレーズ**

### 準備の都合上、○日までに出欠をお知らせください。

期日がある場合はあいまいにするより、はっきり指定する方がわかりやすく親切です。

**応用フレーズ**

### このメールをお読みになったら、お電話をいただけますか？

相手の所在がはっきりしない場合や、確実に連絡を取りたい場合は、メールを読み次第、連絡がほしい旨を伝えます。

## Q59 「構いません」は上から目線の言葉?

**A 解答** 「構いません」には「許容する」という意味合いが含まれるため、了承する際には相手との上下関係を考慮して使い分ける必要があります。

**基本文例**

> 打ち合わせは○日であれば、
> 何時にご指定いただいても<u>差し支えありません</u>。

### Point
客先や目上の相手には「構いません」に代わる言葉として、「差し支えありません」が適切です。

**NGフレーズ** 打ち合わせの時間は、何時にご指定いただいても<u>構いません</u>。

「許容する」という意味合いを含む「構いません」は、客先や目上の相手に対して使うのは不適切。許容という行為は目上の人から目下の相手にするものだからです。

**NGフレーズ** 打ち合わせの時間は、いつでも<u>結構</u>です。

「結構」には「それでよい、満足」という肯定的な意味のほかに「それ以上必要ない」という否定的な意味もあります。どのようにもとることができ、場合によっては判断が分かれるため、誤解が生じやすい言葉として注意が必要です。

**NGフレーズ** 打ち合わせの時間は、いつでも<u>よろしいです</u>。

目下の者から目上の相手に対して「よろしいです」という対応は失礼にあたります。「よろしい」は目上の人から目下の相手に許可を与える言葉。「よろしいです」「よろしゅうございます」と丁寧に表

現しても、目上の相手に使うのは適切ではありません。

**応用フレーズ**

### ○日の打ち合わせですが、<u>差し支えなければ</u>ご都合のよい時間をご指定ください。

「差し支え」を文中に用いた一文。相手の決定に合わせる心づもりでいることをダイレクトに伝える文面です。「いつでも構いません」より、相手の都合への配慮が感じられます。

**応用フレーズ**

### ○日は特に予定は入っておりませんので、<u>ご都合のよい時間をご指定いただければ</u>と存じます。

相手の都合に合わせられる旨を伝える一文。こちらは何時でも対応可能という場合は、時間の指定を相手にゆだねるのも一つの方法です。

**応用フレーズ**

### 打ち合わせは○日であれば、何時にご指定いただいても<u>問題ありません</u>。

「差し支えありません」に代わる言葉が「問題ありません」です。「何時にご指定いただいても」にかわり、「何時でも特に問題ありません」という書き方もあります。

**応用フレーズ**

### ○日の打ち合わせ時間ですが、<u>特にご指定がなければ、14時にお願いしてよろしいでしょうか？</u>

双方ともに何時でもよい場合は、こちらから時間を指定して打診してもよいでしょう。こちらがリードすることによって、相手はイエスかノーで答えるだけでよく、やり取りの回数を軽減することができます。
「特にご指定がなければ」は「特に問題がなければ」としてもよいでしょう。

目的別! 書き方のコツ

# Q60

## 「その内容でよい」と伝えるには？

**A 解答**　「申し分ありません」「問題ありません」のほか、「ありがとうございます」が作業の完了と「その内容でよい」という意味を表す場合もあります。

### 基本文例

この内容で<u>申し分ありません</u>ので、
①
正式な報告書を<u>お送りいただけますか？</u>
②

## Point-1
① 「その内容でよい」ということを伝える場合、そのまま「よいです」や「いいです」では表現として直接的すぎます。ビジネスメールでは「申し分ありません」がお勧めです。

## Point-2
② 現時点で問題がなく、次の段階に進める状況であるなら、それを通知、あるいは依頼する言葉を添えましょう。この場合「お送りください」でも間違いではありませんが、「〜いただけますか？」と問いかける形にすると文章が和らぎます。

### NGフレーズ
**この内容で<u>よろしい</u>かと思います。**

「よろしい」が相手に許可を与えているようなニュアンスがあり、上から目線の大仰な表現となり、好ましくありません。

### NGフレーズ
**この内容で<u>結構です</u>。**

「結構です」は「〜は結構です」なら「NO THANK YOU」の意味に、「〜<u>で</u>結構です」なら「THANK YOU」や「YES」の意味に取れるので、使うときは注意が必要なフレーズです。文脈によっては誤解を生む可能性があるので、使わない方が無難な表現です。

**NGフレーズ** この内容で**大丈夫**です。

「大丈夫」は、どういう気持ちを表しているかがあいまいになる表現です。どのようにも取れる表現なので、誤解が生じやすく注意が必要です。

**応用フレーズ**

確認いたしました。**特に問題ありませんので、**
正式な報告書をお送りいただけますか。

「その内容でよい」と同じ意味を持つ表現が「問題ありません」です。「取り立てて間違いがない＝よい」ということで、確認や了承の際に使うとよいフレーズです。

**応用フレーズ**

**ご対応いただき、ありがとうございます。**
では、正式な報告書として送付をお願いいたします。

ここで一連の作業が完了したことを示す感謝の言葉として使われているのが「ありがとうございます」です。よい結果に対して感謝の言葉を述べて終わりにするという文面の例です。

**応用フレーズ**

この内容に**異存ありませんので、**
正式な報告書をお送りいただけますか？

「異存ありません」はやや硬い表現で、状況によっては少し大げさな印象を与えますが、改まった返答をする場合に最適のフレーズです。

**応用フレーズ**

**OKです。**正式な報告書をお送りください。

ごく親しい間柄の相手に「この内容でよい」と伝える場合は「OKです」というカジュアルな表現を使うのもよいでしょう。「OKです」は便利な表現ですが、相手との距離感や間柄によっては控えた方がよい場合もあるので注意を。

# Q61

## 送る・受け取るときの定番フレーズは?

**A 解答**
メールではデータの受け渡しが頻繁に行われます。送るときだけでなく、受け取ったときも一言その旨を伝えるようにすると間違いありません。

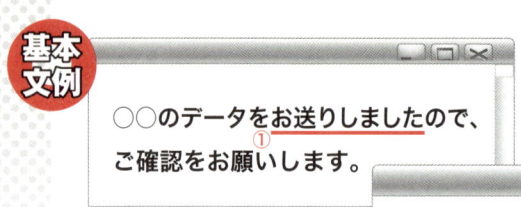

### 基本文例

○○のデータを①お送りしましたので、ご確認をお願いします。

○○のデータを②ご送付いただき、ありがとうございます。

## Point-1
①メールやデータを送る際の一般的な一文。「お送りしました」を「送付いたしました」「送信いたしました」としてもよいでしょう。添付ファイルを送る場合は「添付いたしましたので」とします。

## Point-2
②メールやデータを受け取る際の一般的な一文。「ご送付」を「お送り」「ご送信」としてもよいでしょう。添付ファイルがある場合は「添付していただき」と表現できます。

### NGフレーズ さっき送りました。

「さっき」では送信時間があいまいでよく分かりません。

### NGフレーズ もう送ってもらえました?

カジュアルすぎる会話調の表現は、ビジネスメールにはふさわしくありません。

**応用フレーズ**

### 〇〇の資料をご査収くださいますようお願いいたします。

「査収」はよく確認して受け取ることを意味します。「ご査収ください」としても間違いではありませんが「お願いいたします」を添えるとより丁寧な印象を与えます。「お願いいたします」は「お願い申しあげます」としてもよいでしょう。

**応用フレーズ**

### 別便にてお祝いの品をお送りしました。ご笑納ください。

物品を贈る際の定番フレーズが「ご笑納ください」です。文字通り「（ささやかな品ですが）笑って受け取ってください」という意味があります。自分が贈った品物をへりくだって表現する際の定番フレーズです。

**応用フレーズ**

### 〇〇のデータを拝受しました。

受け取ることをへりくだって表現したフレーズが「拝受」です。「拝受」は「受け取る」の謙譲語となるため、謙譲の「いたしました」を後に付ける必要はありません。

**応用フレーズ**

### 〇〇の資料を受領いたしました。

ものやお金を受け取る際に使う言葉が「受領」です。一般的に書類などをメール以外でやり取りする際にもよく使うフレーズです。この場合は、謙譲の「〜いたしました」を後に付けても問題はありません。

**応用フレーズ**

### 〇〇を確かに受け取りました。

最もシンプルな受け取りのフレーズ。自分に送った相手が着いたことを確認できるので、一言送信した相手に伝えるとよいフレーズです。

---

基本の対応
書き出したい
挨拶したい
返信したい
依頼したい
誘いたい
感謝したい
ほめたい
謝りたい
断りたい
意見したい
催促したい
**了承したい**
知らせたい
結びたい
間違えやすい敬語

目的別! 書き方のコツ　133

# Q62 退職をメールで知らせるときの注意点は？

**A 解答** メールでの挨拶は、一度でも接触のあった方にお知らせの意味を込めて送ります。送信するタイミングとしては退職日の当日の早い時間帯がよいでしょう。

### 基本文例

① 突然のお知らせで恐縮ですが、
本日をもちまして、○○を退職することになりました。②
これまで大変お世話になり、
本当にありがとうございました。
③
今後の業務については同じ部署の佐藤が引き継ぎます。
④
（※新任者のアドレスを明記）

## Point-1
①前触れもなく退職する旨を知らせる場合は、「突然のお知らせで恐縮ですが」の一言を。

## Point-2
②退職する旨を知らせます。○○には社名を入れますが、勤務形態によっては「嘱託（派遣）社員として在籍しておりました○○を」のような書き方もあります。

## Point-3
③相手への感謝の気持ちを伝えます。ほかに「公私ともにお世話になり、ありがとうございました」「○年間の勤務の間、大変お世話になり、感謝申しあげます」でもよいでしょう。

## Point-4
④自分の退職後、業務を引き継ぐ担当者名を知らせます。新任者のアドレスも伝えておきましょう。

**応用フレーズ**

### 佐藤さんと一緒に仕事ができて本当によかったです。

退職する相手へのはなむけの言葉としても感じのよい一文です。

**応用フレーズ**

### ○○のプロジェクトでは、佐藤さんから多くのことを学ぶことができ、大変刺激になりました。

その人とのかかわりの中で起きたエピソードや共有できた事柄を自分の言葉で伝えるようにすると、ありきたりでない文になります。

**応用フレーズ**

### 略儀ながら、メールにて退職のご挨拶といたします。

退職の挨拶は、実際に相手のところへ足を運び、対面して直接挨拶するのが基本。それがかなわないときの代替手段がメールでの退職挨拶であることを心得ておきましょう。

**応用フレーズ**

### 退職後は、以前から興味のあったホームヘルパーの資格を取得したいと思っています。

退職後の進路などを書き添えておいてもよいでしょう。相手との縁をこれっきりにせず、今後のつながりを意識しておくことも大切です。

**応用フレーズ**

### 退職後の連絡先は下記のとおりです。今後ともどうぞよろしくお願いいたします。
### （※個人アドレスなどを明記）

退職日以降の連絡先も記しておきましょう。相手とのかかわりにもよりますが、転職先が決まっていればその会社の連絡先を、決まっていない場合は個人用のアドレスを知らせます。退職後も何らかの方法で連絡が取れる環境を整えておきましょう。

# Q63

## 異動を知らせる際、失敗しないためには?

**A 解答**
異動では、慌ただしく前任地を去るようなことも多いので、赴任先から改めて異動の知らせと新しい連絡先を伝えるようにするとよいでしょう。

### 基本文例

このたび、①X月X日付で○○支店勤務となり、着任いたしました。
②△△支店在勤中は大変お世話になり、ありがとうございました。

新任地におきましても、
③以前と変わらぬお付き合いをいただければ、うれしく思います。
今後ともご指導のほど、どうぞよろしくお願いいたします。

④略儀ながら、お礼かたがたご挨拶申しあげます。

## Point-1
①異動になった日付、異動先をまず知らせます。

## Point-2
②お世話になったことへのお礼を述べます。最初の赴任先だった場合、冒頭に「XX年4月の入社以来」を添えましょう。

## Point-3
③異動後も変わらぬ付き合いを望む気持ちを伝える一文。

## Point-4
④本来は直接対面して挨拶をするところを、略儀であるメールで失礼する意を伝えます。

**応用フレーズ**

**名刺交換などでアドレスを教えていただいた皆様に
Bcc にてお送りしております。**

一斉送信する場合、メールの冒頭に添えておくとよい一文。

**応用フレーズ**

**本日X月X日付けで、○○営業所に着任いたしました。**

着任当日に挨拶メールを送る場合は、冒頭に「本日」を入れます。

**応用フレーズ**

**去るX月X日をもちまして○○支店△△課勤務を命じられ、
過日赴任いたしました。**

異動の日付から時間が経過しているときの一文。「〜をもちまして」「過日赴任いたしました」というフレーズを覚えておくとよいでしょう。

**応用フレーズ**

**3年間の在勤期間中は本当にお世話になりました。**

前任地にどのくらい在勤していたかを伝えるフレーズ。ほかには「短い間でしたが、△△支店在勤中は〜」という書き方もあります。

**応用フレーズ**

**開設されたばかりの△△で、
気持ちも新たに業務にまい進する所存です。
今後とも変わらぬお付き合いをお願い申しあげます。**

新任地での抱負や、異動後のご縁を願う一文。「ご指導ご鞭撻」は硬く感じられるので、「変わらぬお付き合い」などがお勧めです。

**応用フレーズ**

**略儀ながら、メールにて異動のご挨拶といたします。**

メールでの挨拶は略儀であることを踏まえ、最後に一言添えます。

# Q64 不在であることを知らせるには?

**A 解答** 不在期間中、自動的にメールで不在の知らせが届くように不在応答の設定にしておくほか、不在期間の前から署名などで事前に告知する方法もあります。

### 基本文例

ご連絡ありがとうございます。
① 出張のため、X月X日に社に戻り次第、
② ご連絡いたします。
○○に関する急用については佐藤まで、
③ その他については鈴木までご連絡をお願いいたします。

## Point-1
① 不在応答の文例です。まずは、相手の連絡に対する感謝の意を伝えます。

## Point-2
② 不在の理由と、いつ戻るかを知らせます。戻りの日程が年をまたぐようなときは「20XX年X月X日」と何年のいつかを示す方がよいでしょう。

## Point-3
③ 不在でメール対応ができない旨を知らせるとともに、特定の仕事や急用の場合に対応する担当者名も併せて知らせます。不在時の対応体制を整えておくと、いざというときも困りません。

### NGフレーズ

**5日まで不在にします。**

5日は不在で6日はいるのか、4日が不在で5日からいるのか、人によって取り方が違います。範囲を明確にする必要があります。

### 応用フレーズ

**出張のため、1月22日まで不在にしております。
1月23日には戻りますので、戻り次第返信いたします。**

この場合、「1月22日まで不在」というだけでは、21日は不在で22日はいるのか、22日は不在で23日にいるのかはっきりしません。「1月23日には戻ります」と明記しておくと誤解がありません。

### 応用フレーズ

**研修のため、X月の1カ月間は○○支店におります。
メールアドレスはそのままですが、
電話は XX-XXXX-XXXX となります。
ご不便をおかけいたしますが、よろしくお願いいたします。**

不在にする場合は、連絡が取れる方法を相手に知らせておきましょう。

### 応用フレーズ

**7月XX日まで休暇のために不在です。
XX日の月曜日に出社予定です。
急用については、携帯電話までご連絡いただきますよう
お願いいたします。**

週末まで休暇で、週明けからの出社を知らせる一文です。休暇で不在にする場合も緊急の連絡先を伝えておきましょう。「急用については佐藤までご連絡いただきますようお願いいたします」のように対応可能な担当者名を知らせておくのもよいでしょう。

---

### コラム　署名で告知

出張や休暇で不在にすることを署名に明記し、事前に告知しておくのも一つの方法です。例えば「8月13日〜16日まで休暇につき、メールの返信が17日以降となります」という一文を署名に添えておくのです。

ポイントは早めに告知すること。告知ツールとして署名を活用しつつ、不在にする日程が近づいてきたら、改めてきちんとメールで不在期間を知らせるようにするとよいでしょう。

## Q65 結びの定番フレーズは?

**A 解答** 頻繁に使う結びのフレーズの一つが「〜のほど、よろしくお願いいたします」。この「〜のほど」は便利な言葉ですが、多用は禁物です。

### 基本文例

○○を継続していくために必要な措置ですので
ご理解のほど、どうぞよろしくお願いいたします。

### Point

「〜のほど」は言い切るのを避け、表現を和らげる際に用いられる言葉。「〜のほど、よろしくお願いいたします」は収まりのよい結びの言葉として、多く使われています。

### NGフレーズ ご指示のほど、よろしくお願いいたします。

相手からの指示を仰ぐ場合、「〜のほど」を付けると遠回しな言い方に感じられます。この場合は「ご指示をお願いいたします」「ご指示をいただければと存じます」の方が文章としてすっきりします。

### NGフレーズ ご確認のほど、よろしくお願いいたします。

文書や提案書など、相手に確認してほしい内容の場合も「〜のほど」は不要。「ご確認をお願いいたします」とする方が「要確認」という意がダイレクトに伝わります。

### NGフレーズ アドバイスのほど、よろしくお願いいたします。

助言を求める場合も「〜のほど」は不要。この場合は「ぜひ、アドバイスをお願いいたします」「ご助言をお願いいたします」と表現する方が適切です。

**応用フレーズ**

### 取材の日程候補は下記のとおりです。
### ご検討のほど、よろしくお願いいたします。

検討事項をメールで提示したときに添える一文です。「ご検討をお願いいたします」でも意味は通じますが、やり取りの浅い相手などに丁寧な表現をしたい場合は「ご検討のほど、よろしくお願いいたします」の方がしっくりきます。

**応用フレーズ**

### 本年もご愛顧のほど、よろしくお願い申しあげます。

「〜のほど」は断定を避け、婉曲に表現する際に使われるフレーズ。「よろしく」というあいまいな表現と併せて使うことで、より文章を和らげる効果があります。サービス業などの定番フレーズである「ご愛顧」「お引き立て」「お付き合い」などと相性がよいといえます。

**応用フレーズ**

### 今後もご指導ご鞭撻のほど、よろしくお願いいたします。

目上の相手に厳しい指導を請うときの一文。相手に指導を仰ぐようなときも「〜のほど、よろしくお願いいたします」を添える方が収まりのよい文章になります。

---

**コラム　書き言葉の合いの手**

「〜のほど」は書き言葉特有のフレーズです。「ご愛顧」「ご鞭撻」「ご清覧」のような、やはり書き言葉として定番化したやや硬い表現と組み合わせることにより、それを和らげる役割を果たします。

歌や踊りの調子に合わせて手拍子やはやしことばを入れることを「合いの手」と言いますが、「〜のほど」も書き言葉の合いの手のようなもの。これといった意味は特にないものの、文章の調子を整え、収まりをよくする役割があります。

# Q66 「お礼まで」と結ぶのは略式?

**A 解答**
「お礼まで」の「まで」は文末で終助詞として用いられ、前にある言葉を強め、確認する気持ちを表す語。ですから「お礼まで」は略した言葉ではなく、完結した文章です。

### 基本文例

略儀ながら、メールにて<u>お礼まで</u>。

## Point

「お礼まで」は、「まで」によって「お礼」を強め、確認する意を伝えるフレーズ。「まで」で文を結ぶこと自体は間違いでも略した表現でもなく、一つの文章の形と捉えることができます。

### NGフレーズ

**お祝いの品をいただいた<u>お礼まで申しあげます</u>。**

「まで」によって文章が完結するので、「まで」の後に「申しあげます」などの文章を続けないように気をつけましょう。

### 応用フレーズ

**まずは<u>取り急ぎお礼まで</u>。**

文字通り、取り急ぎ感謝の気持ちだけ伝えます、という意味合いで使う定番フレーズ。

### 応用フレーズ

**遅ればせながら、<u>お礼まで</u>。**

「取り急ぎお礼まで」とは逆で、遅くなりましたがお礼申しあげます、という意味合いで使うフレーズです。

**応用フレーズ**

### 略儀ながら、メールにて**お礼申しあげます**。

「お礼まで」を使うのに抵抗がある場合、それに代わる一文が「お礼申しあげます」です。

**応用フレーズ**

### 略儀ながら、メールにて**失礼いたします**。

上記の「お礼申しあげます」に代わる一文が「失礼いたします」。本文でお礼の言葉を尽くしていれば、結びは「お礼」という言葉をあえて使わない、このような形でも問題ありません。

**応用フレーズ**

### 取り急ぎ、**お礼のみで失礼いたします**。

これも「お礼まで」を使うのに抵抗がある場合に使える一文。「取り急ぎお礼の言葉だけお伝えして失礼しますね」という意味合いがあります。

---

**コラム　「まで」で終わっても失礼ではない**

「お礼まで」「ご報告まで」と「まで」で終わると、目上の相手に対して使うのは失礼な感じがするという声がありますが、「まで」はその前にくる「お礼」や「ご報告」を強調し、確かめる役割があり「まで」で一つの完結した文章です。

ですから、目上の相手や客先に使っても決して失礼にはなりません。ただ、もっと丁寧に表現したいならば、上記の「応用フレーズ」に挙げた文例のように言いかえてみましょう。

何かしてもらったり、送ってもらったりしたとき、はがきや封書の礼状を送りたいけれど、時間がないというとき、まず感謝の意をメールで伝えておくと、相手も安心します。そんなときに便利なフレーズが「取り急ぎお礼まで」です。

急いでいるから相手をぞんざいに扱っているということではなく、急いで感謝を伝える言葉だと捉えれば、心遣いのある重宝なフレーズといえます。

# Q67 「取り急ぎ～まで」は失礼ではない?

**A 解答**
「取り急ぎ～まで」は「とにかく急いでいるので用件だけお伝えしますね」という意の結びの語なので、失礼な言葉ではありません。

## 基本文例

取り急ぎご連絡まで。
① ②

## Point-1
① 「取り急ぎ」の「取り」は「急ぎ」を強調する言葉。手紙文で主に使われていましたが、メールでも極めて急いでいて用件のみを伝えるときの締めくくりの言葉として、よく使われます。

## Point-2
② 142ページでも述べたように、「まで」は文末で終助詞として用いられ、前にある言葉を強め、確認する気持ちを表す語です。「取り急ぎ」とセットにして使うことで、「とにかく急いでいるので用件だけお伝えしますね」の「だけ」に相当するのが「まで」で、文末を結ぶのに用いられる完結した表現です。
ですから、「取り急ぎご連絡まで」は略した言葉でも、相手に失礼な言葉でもありません。

### NGフレーズ
**取り急ぎご連絡まで申しあげます。**

「まで」は文末に使って「ご連絡」の意味を強め、確認する気持ちで言い切る語。後に「申しあげます」を続けるのは文章として間違った使い方です。

**応用フレーズ**

### 取り急ぎご連絡申しあげます。

「取り急ぎ、〜まで」というフレーズを使うことは、相手に対して失礼にはなりませんが、気になる場合は、文末の「まで」を「申しあげます」に書きかえるとよいでしょう。より丁寧な表現になります。

**応用フレーズ**

### まずはご連絡まで。

「取り急ぎ」に代わるフレーズが「まずは」。「取り急ぎ」ほど切迫している状況ではないけれど、これといった結びの一文が見あたらないとき、便利なフレーズです。
「ご連絡」に代わる言葉としては「ご報告」「お知らせ」「ご参考」「ご照会」などがあります。

**応用フレーズ**

### まずはご連絡のみで失礼いたします。

「〜まで」で結ぶことに抵抗がある場合は「〜のみで失礼いたします」と書きかえることができます。

**応用フレーズ**

### 失礼とは存じますが、
### メールにて取り急ぎお知らせする次第です。

すぐに対面できないけれど、状況や気持ちをひとまず伝えておきたい場合のより丁寧な一文です。

**応用フレーズ**

### 本来なら、直接お会いして○○すべきところですが、
### メールにて失礼いたします。

メールでは失礼にあたることを踏まえたうえでの文章の結び方。○○には「お願い」「お断り」「お伝え」などが入ります。

---

基本の対応
書き出したい
挨拶したい
返信したい
依頼したい
誘いたい
感謝したい
ほめたい
謝りたい
断りたい
意見したい
催促したい
了承したい
知らせたい
**結びたい**
間違えやすい敬語

目的別！書き方のコツ

# Q68

## 社外向けのメールに「以上」は適切?

**A 解答** 主に社内メールで使われていたものが、次第に対外的なメールでも使われるようになったと思われます。「以上」の後に言葉を添えるようにするといいですね。

### 基本文例

○○については<u>以上</u>です。
<u>ご対応のほど</u>、よろしくお願いいたします。

## Point-1

① 「以上」には、文書や目録などの末尾に記して「終わり」を表す意味があります。メールで「以上」を使うのも、「用件はここまで」ということを明確にし、確認する意味が込められているからです。
しかし、社外向けのメールでは「以上」で終わりにせず、「以上です」または「以上」とした後に一文を添えるのが好ましいでしょう。

## Point-2

② 「以上」で用件はここまでであるとまとめた後、相手にどうしてほしいのかを述べ、文章を結ぶようにすると丁寧な印象を与えます。この場合は「○○についての対応をお願いします」と軽く念押しする終わり方にしています。

### NGフレーズ

○○についてご対応をお願いします。
<u>以上</u>

ビジネスメールで社外の相手に対して文末を「以上」だけで終わらせて送信するのは事務的でそっけなく、相手に対しても失礼にあたります。

**応用フレーズ**

### ○○については以上ですので、
### ご対応のほど、どうぞよろしくお願いいたします。

ここでの「以上」はそれより前に述べたことを指し、その内容に対し後の一文で「対応をお願いします」と結んでいます。このように「以上」単独で終わりにせず、一文を添えると丁寧な印象を与え、社外向けのメールとしても適切です。

**応用フレーズ**

### 以上、お礼かたがたお願いまで。

ここで使われている「以上」もそこまで述べたことを指し、文面の最後のまとめとして「お礼かたがたお願いまで」と文章を締めくくっています。前記の例文より文章は短いですが、簡略化しているわけではなく「まで」で完結した一文として、相手に失礼にはなりません。

---

### コラム　「以上」で終わるのは「記書き」のなごり？

　ビジネス文書では「記書き」といって、本文とは別に内容を箇条書きにして簡潔に分かりやすくまとめる書き方があります。メールに使われている「以上」は、こうしたビジネス文書の定型文のなごりとも考えられます。

　より簡潔で無駄を省いた書き方が求められる社内向けのメールでも、この「記書き」スタイルは通用しますが、社外向けのメールでは丁寧さを欠き、失礼にあたります。ですから、この項目で挙げたように「以上」に一文添えた文面を心がけましょう。

```
○○各位
                                           △△実行委員会
               □□□実施について

本年度の□□□を、下記の要領にて実施します。各部署とも_____
_____
                      記
  1. _____
  2. _____
  3. _____
                                                      以上
```

ビジネス文書の「記書き」の基本形式

---

基本の対応
書き出したい
挨拶したい
返信したい
依頼したい
誘いたい
感謝したい
ほめたい
謝りたい
断りたい
意見したい
催促したい
了承したい
知らせたい
**結びたい**
間違えやすい敬語

目的別! 書き方のコツ　147

## Q69 「〜たく」で終わる文章は失礼？

### A 解答
「ご協力いただきたく」のように「〜たく」で終わった一文を目にしますが、表現としては中途半端で、メールを受け取る側はよい印象を持ちません。

### 基本文例

○○の書類ですが、できれば
明日中にご提出<u>いただきたく存じます</u>。

### Point
「〜いただきたく存じます」は「〜してもらいたく思います」の「もらいたく」と「思います」をそれぞれ謙譲語にした表現。「〜いただきたく存じます」が大げさな感じがする場合は「〜いただきたく思います」としてもよいでしょう。
いずれにせよ、「〜いただきたく」を受ける「存じます」「思います」があって文章として完結するので、「〜いただきたく」で終わるのは中途半端な印象が否めません。

### NGフレーズ
**○○の書類を明日中にご提出<u>いただきたく</u>。**

「〜いただきたく」で文章が終わってしまうと中途半端な感じがするだけでなく、強要するような印象を与える場合もあり、感じのよい表現とはいえません。

### NGフレーズ
**全体会議を毎月第二水曜日に開催<u>いたしたく</u>。**

「〜いただきたく」同様「〜いたしたく」もそのまま文章が終わってしまうと、尻切れトンボな一文という印象を与えます。「存じます」「思います」など、文章を結ぶ言葉を加えて完結させる必要があります。

**応用フレーズ**

### ○○の書類を明日中にご提出いただきたく思います。

「〜いただきたく存じます」ほど改まった表現でなくてよい場合に使うフレーズが「〜いただきたく思います」です。親しみやすく、活用範囲の広い表現です。

**応用フレーズ**

### ○○の書類を明日中にご提出いただけないでしょうか。

「〜いただきたく」にこだわらず、提出を促す表現として「〜いただけないでしょうか」と依頼形にすると好印象を与えます。

**応用フレーズ**

### 恐れ入りますが、明日中に○○の書類の提出をお願いいたします。

これも「〜いただきたく」から離れて、提出を促す表現。「〜をお願いいたします」「〜をお願いします」とすれば文章としても自然で収まりがよくなります。文頭に緩衝材になるフレーズ「恐れ入りますが」を添えることで、一層表現が和らぎます。

**応用フレーズ**

### ○○の書類を明日中にご提出いただきたく、改めてお願いいたします。

「〜いただきたく」の後、読点で文章を一度区切り、「〜お願いいたします」という一文を続けると文章が完結します。やや大げさですが「お願い申しあげる次第です」という締めくくり方もあります。

**応用フレーズ**

### ○○の書類を明日中にご提出いただきたく存じますので、よろしくお願いいたします。

「〜いただきたく存じます」で文章を終わらせず、「存じますので」と続けて、最後に「よろしくお願いいたします」で結ぶ方法もあります。

# Q70

## 「よろしくお願いします」を連発しない方法は？

**A 解答**
文末の表現としてよく使われる「よろしくお願いします」ですが、何について「よろしくお願いします」なのかを具体的に書くと変化が出ます。

### 基本文例

それでは<u>ご検討のほど</u>、よろしくお願いいたします。

## Point

文字通りの意味で、検討事項をメールで提示したときに最後を締めくくる一文です。「よろしくお願いいたします」はアレンジ次第で使い方が広がる、結びのフレーズです。

### NGフレーズ

○○についてご検討のほど、<u>よろしくお願いいたします。</u>
それでは<u>よろしくお願いいたします。</u>

メール本文に「よろしくお願いいたします」が繰り返し登場するのは、読む側にとっては鼻白むもの。便利な結びのフレーズだからといってむやみに使いすぎるのは考えものです。

### NGフレーズ

<u>もろもろ</u>よろしくお願いします。

気がおけない相手なら許されるかもしれませんが、「もろもろ」では何の依頼か分からず、やや失礼。具体的な依頼事項がなければ「今後ともよろしくお願いいたします」のみで結びましょう。

### NGフレーズ

○○ということで、<u>とりあえずよろしく。</u>

極めて口語的な表現でビジネスメールには不向きです。意味は分かりますが、書き言葉にするとぞんざいな印象を与えます。

**応用フレーズ**

### お手数ですが○○の件について、ご確認をお願いいたします。

ここでは「よろしく」に代わる言葉として「ご確認を」という具体的な行為を示して結びのフレーズとしています。「○○をお願いします」の○○に相当する言葉としては、「ご確認」のほかに「ご連絡」「ご検討」「ご意見」などがあります。

**応用フレーズ**

### 引き続きよろしくお願いいたします。

「引き続き＋よろしくお願いいたします」は、継続して仕事や対応をお願いする相手へのメールに最適な結びのフレーズです。

**応用フレーズ**

### 今後ともお付き合いのほど、よろしくお願いいたします。

「今後ともお付き合いのほど＋よろしくお願いいたします」は、いただいたご縁やきっかけをこれからも大切にしていきたいという気持ちを伝える結びのフレーズ。「今後とも」「お付き合いのほど」それぞれ単独でも「よろしくお願いいたします」につなげて表現できます。

**応用フレーズ**

### 勝手を申しあげますが、ご対応をお願いいたします。

無理なお願いごとをするような場合の結びのフレーズ。「勝手を申しあげますが、○○をお願いします」というパターンです。「勝手」に代わるフレーズとしては「ご無理」があります。

**応用フレーズ**

### それでは、ご連絡いただきますようお願い申しあげます。

やや丁寧な結びの一文。「○○いただきますようお願い申しあげます」は、相手に何らかの行動を促す改まった表現です。「お願い申しあげます」は「お願いいたします」でもよいでしょう。

## Q71 やり取りの最後に送るメールを結ぶには？

**A 解答**
「お体に気をつけてくださいね」という意味で、「ご自愛ください」の一言を入れましょう。ただし「お体ご自愛ください」は不適切です。

### 基本文例

> 年末に向けて、ますますご多忙のことと思います。①
> くれぐれもご自愛ください。②

### Point-1
①相手を思いやる一文をメールの最後に添えると、ややもすると事務的なやり取りで終わりがちなビジネスメールも心に残ります。

### Point-2
②「自愛」というのは「自分自身を大切にする」こと。つまり、「ご自愛ください」だけで「お体に気をつけてくださいね」という意味が含まれています。「くれぐれ」のように「お体」の代わりになる言葉を添えるようにするとよいでしょう。

### NGフレーズ
**お体ご自愛くださいませ。**

「自愛」という言葉に「自分自身を大切にする」という意味があるため、「お体」と一緒にすると意味が重複してしまいます。

### 応用フレーズ
**時節がら、ご自愛ください。**

「ご自愛ください」の前にくるフレーズとして、最も一般的なのが「時節がら」。季節を問わず使えるフレーズです。

## 応用フレーズ

### 季節の変わり目です。どうぞ、ご自愛ください。

「時節がら」に代わるフレーズが「季節の変わり目」。「〜です」と言い切り、「どうぞ、ご自愛ください」と続けて、文章を結ぶとよいでしょう。

## 応用フレーズ

### 暑さ一段と厳しい折、ご自愛ください。

季節を夏と特定した場合のフレーズが「暑さ一段と厳しい折」です。「暑さ厳しき折」「暑さの折」とも書きかえることができます。冬の場合は「暑さ」を「寒さ」に変えれば、季節感のある結びの文になります。よりシンプルに「暑く（寒く）なりましたので」としてもよいでしょう。

## 応用フレーズ

### ますますのご活躍を期待しております。

「ご自愛ください」に捉われない結びの一文の一つ。相手の活躍への期待を伝えるものです。「お祈りしています」よりも「期待しています」がふさわしい言葉です。

---

### コラム　連日暑い日が続く？

「お体ご自愛ください」に関連して、うっかり書いてしまいがちなのが「連日暑い日が続きますが」です。

この一文は「連日」と「暑い日」の「日」、「連日」と「続きますが」という同じ意味の言葉が重なっています。

ですから、文章としては「暑い日が続きますが」「連日暑いですが」とするとスマートです。これらの一文に「ご自愛ください」を続けると、結びの文として収まりがよくなります。

## One Point Lesson ③

# 「ください」に代わる結びの表現

　目上の相手に「季節がらご自愛ください」とか「気をつけておいでください」と、「ください」を使った文をメールで送信するのは、なんだか偉そうな気がして使いづらい、という声があります。
「〜ください」という表現は、口に出して言うのには違和感はありませんが、ことメールに使うと命令口調に感じられるものです。
　では、「ください」で終わらないようにするにはどうしたらいいでしょう。
「ご自愛ください」については、この一文が慣用的に使われているので、結びが「ください」でも気にすることはないと思います。手紙では、より丁寧に「ご自愛専一のほどお祈りいたします」という表現もあるようですが、メールで使うフレーズとしては少し仰々しい感じがします。
　文末を「ください」で結ぶことに抵抗があれば、「ご自愛のほどお祈り申しあげます」という表現も収まりがいいように思います。
「おいでください」については、目上の方に使う場合は「おいでをお待ちしています」あるいは「お越しください」が適切かもしれません。
　文末に使われる「〜くださいませ」の「ませ」については、女性らしい上品な表現ととる人もいれば、相手に媚びているようで気になるという人もいて、受け止め方が人によって異なります。ですから、私自身は積極的には使わないようにしています。
　ただ、「ませ」を使うことによって文全体が和らぐということはあるので、場や相手によっては使っても問題のない表現だと思います。
　いずれにせよ、多用は禁物。「ありがとうございます」や「申し訳ございません」もそうですが、同じ表現を繰り返し使うのは避けたいものです。

# 間違えやすい敬語

- 基本の対応
- 書き出したい
- 挨拶したい
- 返信したい
- 依頼したい
- 誘いたい
- 感謝したい
- ほめたい
- 謝りたい
- 断りたい
- 意見したい
- 催促したい
- 了承したい
- 知らせたい
- 結びたい
- 間違えやすい敬語

# Q72 敬語「くださる」「いただく」の違いは?

**A 解答** 自分のことをへりくだって言う謙譲の「いただく」の方が丁寧な表現と思われがちでよく使われますが、「くださる」と書くべき場面もあります。

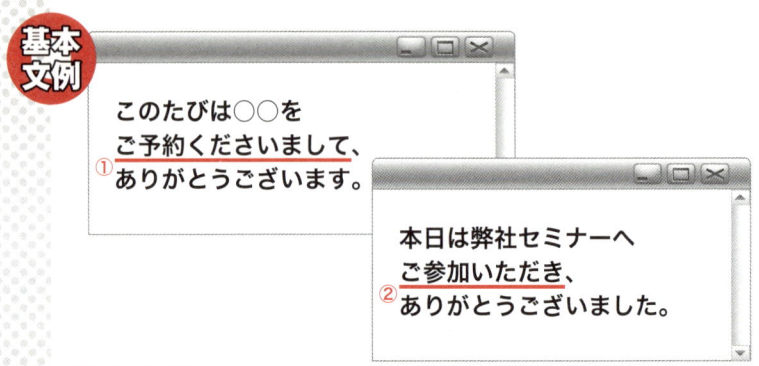

## 基本文例

このたびは○○を
①ご予約くださいまして、
ありがとうございます。

本日は弊社セミナーへ
②ご参加いただき、
ありがとうございました。

## Point-1
① 「ご〜くださる」は、相手の行為を敬う尊敬語です。主語を考えると「ご〜くださる」の主語は、相手です(相手がしてくださる)。
この場合の「予約」は相手の意思によるものなので「ご予約くださいまして」となります。

## Point-2
② 「ご〜いただく」は、自分を低めて相手を敬う謙譲語です。主語を考えると「ご〜いただく」の主語は、自分です(自分にしていただく)。
セミナーへの「参加」は相手にお願いしたものなので「ご参加いただき」となります。

### NGフレーズ
**ご予約いただきまして、ありがとうございます。**

相手の意思で予約した場合は、謙譲の「ご〜いただく」ではなく、尊敬の「ご〜くださる」を使います。

## NGフレーズ

**弊社セミナーへご参加くださり、ありがとうございました。**

相手に頼んで参加してもらった場合は尊敬の「ご～くださる」ではなく、謙譲の「ご～いただく」です。

## 応用フレーズ

**会員としてご登録いただきますと動画がご覧になれます。**

この場合、相手に会員登録「してもらう」のだから、謙譲語の「ご～いただく」となり、相手が動画を「見てくれる」のだから「見る」の尊敬語「ご覧になる」になります。

---

### コラム　使い分けのポイント

「ご～くださる」「ご～いただく」を使う場合、実際の会話や文章では主語を省略して用いることが多く、一般的にはどちらを使ってもよい、とされています。

ですが、厳密に使い分ける場合は、
・相手の意思でそうなった場合は「ご～くださる」
・相手にお願いしてそうなる場合は「ご～いただく」
が一つの目安になります。

ほかに迷いやすいのが、例えば、お客様にサービスをご紹介するときの使い分け。下記のAとB、どちらが正しいと思いますか？

A：ご覧いただけます。　お召しあがりいただけます。
　　お使いいただけます。お選びいただけます。
B：ご覧になれます。　お召しあがりになれます。
　　お使いになれます。　お選びになれます。

お客様にさまざまなサービスを「紹介」する場合、こちらから依頼してそうしてもらうというよりは、最終的にお客様の意思でそうしてもらうようにご案内するわけですから、
・謙譲語の「ご（お）～いただけます」より
・尊敬語の「ご（お）～になれます」が適切
ということが分かります。正答はBです。

# Q73

## 「いたします」よりも「させていただきます」？

**A 解答**
「～させていただきます」の多用は少々くどく慇懃無礼な印象を与えます。ことさら相手に許可を得る必要がなければ「～いたします」に置き換えましょう。

### 基本文例

内部検討会では部長より先に発表させていただきますが、よろしいでしょうか？

## Point-1

目上の人に先立ち、自分が何かするような場合、相手にへりくだって許可を得るという意味で「～させていただきます」を使うのは自然な表現です。

この場合、上司より先に発表することについて尋ねているので「先に発表させていただきます」という一文になります。

### NGフレーズ　昨日、商品を発送させていただきました。

「～させていただく」は、自分の動作・行動を相手の許可を得て行ったり、そうすることで何かしら恩恵を受けることがある場合に使用します。「させていただいている」はその現在形です。

この場合、「昨日、商品を発送いたしました」ですっきり表現でき、相手にも失礼にはなりません。

### NGフレーズ　販促物の制作を依頼させていただきます。

仕事の依頼は通常、自分の意思によるもので、相手の許可を得てするものではありません。この場合は「お願いいたします」が表現として適切です。

丁寧に感じるから、とりあえず「～させていただきます」を使うのではなく、もっとシンプルに言いかえるには？　と意識して、ほか

の言い回しを検討してみましょう。

**NGフレーズ**

**貴社のWebサイトを拝見し、ご連絡させていただいております。**

この場合も、相手に許可を得て連絡をしているわけではないので、「ご連絡させていただいております」ではなく、「ご連絡いたします」が適切な表現です。

**応用フレーズ**

**資料を拝見してから、後ほどこちらよりご連絡いたします。**

丁寧に表現しようとするあまり「ご連絡させていただきます」と表記しがちですが、本来、「させていただきます」は相手を立て、許しを得て及ぶ行為に使われる表現。
自分の行為(つまり、相手に「連絡する」)を失礼のないよう表現するのであれば、「ご連絡いたします」で問題ありません。

---

## コラム 「させていただく」の使い方

「〜させていただく」については、平成19年2月2日の文化審議会答申の「敬語の指針」で「『させていただく』の使い方の問題」として、次のように解説されています。

----------------------------------------------------------------

「(お・ご)……(さ)せていただく」といった敬語の形式は、基本的には、自分側が行うことを、
　ア)相手側または第三者の許可を受けて行い、
　イ)そのことで恩恵を受ける
という事実や気持ちのある場合に使われる。
　したがって、ア)、イ)の条件をどの程度満たすかによって「発表させていただく」など、「…(さ)せていただく」を用いた表現には、適切な場合と、あまり適切だとは言えない場合とがある。

----------------------------------------------------------------

この指針にのっとると、上記の「ご連絡させていただいております」はア)とイ)の条件に該当しない表現と思われます。

# Q74

## 「ご質問」「ご依頼」は正しい?

**A 解答**
基本的に敬語の「ご」「お」は、自分のことや自分の動作には付けません。自分から質問したり、依頼したりする場合は「ご」「お」は不要です。

### 基本文例

○○の件で、3点ほど<u>質問があります</u>。

販促物の制作を<u>依頼したい</u>のですが、対応は可能ですか?

## Point

相手に問いかけたり、伝えたり…と、自分の動作が向かう先の相手にかかわる場合、相手を敬うために敬語の「ご」「お」を使います。
ですが、自分からする質問や依頼は、自分が発する動作であり、相手を立てるものではないので、敬語の「ご」「お」は不要です。

### NGフレーズ：私のご意見

基本的に、敬語の「ご」「お」は自分のことや自分の動作には付けません。「私のお考え」も同様にNGです。

### NGフレーズ：○○の件で、ご質問があります。

質問という行為は相手を立てる種類のものではないので、敬語の「ご」は不要です。ただし、相手からの質問へは「ご質問にお答えします」のように相手を立てる尊敬語の「ご」を付けて表します。

**NGフレーズ**

**販促物の制作をご依頼したいのですが、対応は可能ですか？**

依頼という行為も自分からするもので、相手を立てるものではないので、敬語の「ご」は不要。ですが、相手からの依頼に対しては「ご依頼をいただき」のように、尊敬語の「ご」を付けます。

**応用フレーズ**

**○○の件でご相談があります。**

相談という行為は、自分から相手に向かう行為のため、相談する相手を立てるために敬語の「ご」を使います。ほかに「ご報告」「ご説明」「ご確認」などがあります。

**応用フレーズ**

**明日のご来社、お待ちしております。**

待つという行為も自分から相手に向かう行為。自分が待つ相手を立てるために敬語の「お」を使います。

---

### コラム　行為に付く敬語の区別

敬語の「ご」「お」にも尊敬語と謙譲語があります。
相手「から」の行為か、相手「へ」の行為かで敬語の種類が異なります。
・立てるべき相手からの行為に付く「ご」「お」は尊敬語
　例：部長のご説明では、
　　　ご確認をお願いします。
　　　お待ちになりますか？
・立てるべき相手への行為に付く「ご」「お」は謙譲語
　例：ご説明申しあげます。
　　　ご確認ですが、
　　　お待ちしております。

自分からする質問や依頼を「ご質問」「ご依頼」とするのは、謙譲の「ご」「お」と混同したケースと思われます。しかし、質問や依頼という行為は相手を立てる種類のものではないので「ご」は不要です。

# Q75 「お休みをいただいております」はおかしい?

**A 解答** 休みを与えたのは自分の会社であって、社外の相手から与えられたものではありません。「休みをとっております」が正しい表現です。

### 基本文例

恐れ入りますが、佐藤は本日、<u>休暇をとっております</u>。

## Point

佐藤さんに休みを与えたのは自分たちの会社であって、相手の会社ではありません。休んでいることを相手に伝える場合は「休暇をとっております」「休みをとっております」として失礼ではありません。

### NGフレーズ
佐藤は本日、<u>お休みをいただいております</u>。

「お休みをいただいて」の「いただく」は「もらう」の謙譲語。佐藤さんが休みをもらったのは自分の会社なのに、ここでは謙譲の「いただく」を使う相手を取り違え、相手(の会社)から休みをもらった、という一文になっています。
「お休み」の「お」も不要。自社の社員の休みを丁寧に言う必要はありません。

### NGフレーズ
佐藤は今日、休ませてもらっています。

「今日」も「休ませてもらって」も口語的でビジネスメールの表現としてはくだけすぎています。相手に敬意を表す適切な言葉は「今日」ではなく「本日」。相手に休みをもらっているわけではないので「休ませてもらっている」も不適切です。

### 応用フレーズ

**佐藤は本日、休みをとっております。**

「休暇をとっている」に代わるフレーズが「休みをとっております」です。

### 応用フレーズ

**佐藤は先月から出産のため、休職しております。**

休暇などで短期間休むのではなく、何らかの理由で長期間休む場合は「休職」となります。理由は「出産」以外に「療養」「介護」などが挙げられますが、対外的に理由や休養期間などをどこまで知らせるかについては、本人と会社側が事前に取り決めておく必要があるでしょう。場合によっては、具体的な理由は述べず「都合により休職しております」とすることもあります。

### 応用フレーズ

**来週、休暇をいただきたいのですが、よろしいでしょうか。**

自分に休みを与えるのは会社。ですから、会社側の人である上司に対して「もらう」の謙譲語である「いただく」を使うのは問題ありません。

---

#### コラム　休業は「させていただく」ものではない?

「お休みをいただいております」に関連して、休業の知らせでよく目にする一文が「○日まで休業させていただきます」。

本来、「させていただきます」は、相手や第三者に「許可」を得て、その恩恵を受けるときに使う謙譲語。

この場合、休業を知らせる相手は顧客や社外の相手になりますが、その人たちからいちいち「許可」を得て休むわけではないので、「休業させていただきます」という表現はNG。
「○日まで休業いたします」とするのが適切です。
「〜させていただく」を使っておけば、丁寧な物言いに感じられますが、「誰から」させてもらうのかを考えてから使うようにしないと、かえって慇懃無礼な印象を与えてしまいます。

# Q76

## 「ご」や「お」は続けて使わない方がいい?

**A 解答**
一文に「ご」が続くと、くどく感じられます。敬語の「ご」や「お」が続く場合は、後の方の言葉に敬語表現を用いるのが一つの目安です。

### 基本文例

> <u>丁寧なご案内</u>をいただき、ありがとうございました。

### Point

「ご丁寧なご案内」とすると丁寧すぎてくどく感じられるので、「ご」を付けるのを「ご案内」だけにすると、文章がすっきりします。

### NGフレーズ

**<u>ご丁寧</u>な<u>ご案内</u>をいただき、ありがとうございました。**

上記の一文は、形容動詞の「丁寧な」、名詞の「案内」にそれぞれ尊敬を表す「ご」が付いたものです。二重敬語ではないのですが、このように「ご」や「お」を使いすぎると慇懃無礼な印象を与えます。「ご」を付けるのは動詞に近い方、つまり、後の方の言葉に敬語表現を用いるのが一つの目安です。

### NGフレーズ

**<u>お困り</u>の場合は<u>ご遠慮</u>なくお申し付けください。**

相手を敬い丁寧な言葉を尽くすほど、文章がくどくなります。この場合は、「お困りの場合は」を「何か困っていることがあれば」と言いかえ、「ご遠慮なく」の「ご」も省略できます。「何か困っていることがあれば、遠慮なくお申し付けください」とすれば、読みやすくなります。

## NGフレーズ
### お体にお気を付けてお過ごしください。

「お」が過剰に使われている感じがする一文です。同じ意味の一文で「お元気にお過ごしください」「お体には十分お気を付けください」という表現もあります。さらに「(くれぐれも) ご自愛ください」とすれば、同じ意味でよりすっきり表現できます。

## 応用フレーズ
### 親切で丁寧なご回答をいただき、大変勉強になりました。

「親切」「丁寧」「回答」にそれぞれ尊敬の「ご」を付けてしまうと「ご親切でご丁寧なご回答」となり、くどく仰々しい表現になってしまいます。この場合は「親切」「丁寧」の「ご」は省いてよく、相手から得た「回答」に「ご」をつければ、敬語の使い方としては問題ありません。

---

### コラム　言葉を重ねれば丁寧というものではない！

　二重敬語とは、文字通り、敬語に敬語を重ねた表現を指します。たとえば、「お○○になる」に尊敬の「れる」「られる」を付けてしまうパターン。
　・おっしゃられる⇒おっしゃる
　・召しあがられる⇒召しあがる
　・おいでになられる⇒おいでになる　いらっしゃる
といった具合に、丁寧すぎて不自然に映ってしまうので注意が必要です。
　左ページに挙げた「ご丁寧なご案内」は二重敬語ではなく、形容動詞の「丁寧な」、名詞の「案内」にそれぞれ尊敬語の「ご」が付いたものです。しかし、二重敬語同様、過剰に丁寧な表現は単純に聞きづらく、読みづらく感じます。
「ご」や「お」が続いて表現がくどくなるときは、過剰な部分を省略したり、別の表現に書きかえたりして、すっきり通りのよい文章になる工夫をしてみましょう。

# Q77 「拝見させていただきました」は正しい?

**A 解答**
「拝見」は「見る」の謙譲語で、「〜していただく」という謙譲の意が言葉そのものに含まれているので、「拝見」の後に「させていただく」は不要。

### 基本文例

○○の資料をお送りくださり、ありがとうございます。
早速、拝見しました。

## Point

「拝見」とは、見ることをへりくだっていう謙譲語。「拝」という語そのものに「謹んで〜する」という謙譲の意味合いが含まれています。

### NGフレーズ: 資料を拝見させていただきました。

「〜させていただく」は、自分の動作・行動を相手の許可を得て行ったり、そうすることで何かしら恩恵を受けることがある場合に使用する、へりくだった気持ちを表す言葉です。「資料を見る」という行為は相手の許可を得てするものではありません。
さらに「拝見」という言葉に、相手に対してへりくだる気持ちを表す謙譲の意が含まれるので、「拝見＋させていただく」ではなく、「拝見しました」として失礼にはなりません。

### NGフレーズ: 資料を拝見いたしました。

「拝見」の「拝」そのものに「謹んで〜する」という謙譲の意味合いが含まれるため、謙譲の「〜いたしました」を「拝見」の後に付ける必要はありません。「拝見」のほか、「拝読」「拝聴」も同様です。

### NGフレーズ
**資料を拝見いただき、ありがとうございます。**

本来、謙譲語である「拝見」を尊敬語と取り違えた例です。相手から受け取った資料を自分が見て「拝見しました」と書くのは差し支えありませんが、相手の動作に「拝見」を使うのは適切ではありません。
正しく書きかえる場合は、「見る」の尊敬語である「ご覧になる」を使い「資料をご覧いただき、ありがとうございます」とします。

### 応用フレーズ
**社内報用の原稿を拝読しましたところ、確認したい点が2点ほどあります。**

「拝読」は「読む」の謙譲語です。相手から受け取った原稿を読んだ場合「拝読しました」と表現します。

### 応用フレーズ
**資料をご一読いただき、ありがとうございます。**

相手に資料を読んでもらった場合は「ご覧いただき」のほか「ご一読いただき」としてもよいでしょう。「お目どおしいただき」という表現もあります。

---

### コラム　「拝」=「謹んで〜する」

「拝」には「頭を下げて（相手に）敬礼する」という意味合いがあり、「拝見」「拝読」のように「拝」で始まる語そのものが謙譲語。自分の行為をへりくだることで相手に敬意を示します。左ページで述べたとおり「謹んで〜する」という意味で用いられます。「拝」で始まる主な謙譲語を下記に挙げます。

- 拝見…「見る」の謙譲語
- 拝読…「読む」の謙譲語
- 拝察…「推察する」の謙譲語
- 拝借…「借りる」の謙譲語
- 拝受…「受ける」の謙譲語
- 拝聴…「聞く」の謙譲語
- 拝任…「任命を受ける」の謙譲語、官職に任ぜられること
- 拝命…「任務を受ける」の謙譲語、官職に就くこと

# Q78

## 「おっしゃられる」という敬語は間違い？

**A 解答**
「言う」の尊敬語「おっしゃる」と、尊敬の意を表す「～られる」が一緒になっているので、二重敬語になっています。

### 基本文例

○○については、佐藤さんの<u>おっしゃる</u>とおり改善の余地があります。

## Point

「おっしゃる」は「言う」の尊敬語。ほかに「言われる」も「言う」の尊敬語です。相手と直接やり取りするような場合は「言われる」より「おっしゃる」を使うのが適切でしょう。

### NGフレーズ：課長がそう<u>おっしゃられていました</u>。

「言う」の尊敬語「おっしゃる」に、尊敬の意を表す「られる」が付いているので、過剰な敬語表現（二重敬語）になっています。この場合「課長がそうおっしゃっていました」が適切な表現です。

### NGフレーズ：○○の件はもう<u>お聞きになられましたか</u>？

「お～になる」で尊敬を表しますが、さらに尊敬の「～られる」が付いているので、敬語が重なっています。この場合「もうお聞きになりましたか」が敬語の使い方として適切です。

### NGフレーズ：部長が<u>ご覧になられていました</u>。

「見る」の尊敬語「ご覧になる」に、尊敬の意を表す「られる」が付いた二重敬語。この場合「部長がご覧になっていました」でよく、尊敬の「られる」を使うのであれば「見られていました」になります。

### 応用フレーズ

**支店長でしたら、昨日おいでになりました。**

「おいでになる」は「来る」の尊敬語。このように、元の言葉を変える形式の敬語を使うときに二重敬語にしやすいので注意が必要です。この場合も「おいでになられました」は二重敬語で、「〜られる」が不要です。

### 応用フレーズ

**昼食はお召し上がりになりましたか?**

「お召し上がりになる」は、「食べる」の尊敬語「召し上がる」と、尊敬の「お〜になる」が使われている二重敬語ですが、習慣として定着している言葉として広く使われています。「召し上がりましたか」とも書きかえられます。

### 応用フレーズ

**○○の件は課長から部長へお話になるそうです。**

尊敬を表す「お〜になる」を使った一文。この尊敬の「お〜になる」にも、さらに尊敬の「〜られる」を付けて「お話になられる」と二重敬語で表現しやすいので注意が必要です。ほかに「お会いになる」「お帰りになる」なども同様に「〜られる」を付けて二重敬語にしやすい言葉なので注意しましょう。

---

### コラム　定着した二重敬語

「お召し上がりになる」同様、許容されている二重敬語がほかにもあります。
　その一つが「お見えになる」で、「来る」の尊敬語「見える」に尊敬の「お〜なる」が付いたものです。
「お伺いする」は、「行く」の謙譲語「伺う」に謙譲の「お〜する」が付いたもの。「お伺いいたします」「お伺い申しあげます」も二重敬語が定着したものです。

# Q79

## 「お待ちしてください」は間違った敬語?

**A 解答**
謙譲の「お〜する」と、尊敬の「お〜ください」が混在しているために起こる間違い。「して」を取り払えば正しい敬語になります。

### 基本文例

ご到着後、受付の前で<u>お待ちいただけますか</u>。

### Point

尊敬語の「お〜ください」を使い、「お待ちください」としてもよいのですが、書き言葉にすると命令調になるのが気になります。そこで、問いかける形の「お待ちいただけますか」にすれば、表現が和らぎます。

### NGフレーズ

**受付で<u>お待ちしてください</u>。**

謙譲の「お〜する」と、尊敬の「お〜ください」が混在しているため、敬語として不自然な一文です。謙譲の「お〜する」の「する」に相当する「して」を取り払うと、すっきりします。

### NGフレーズ

**店長がわざわざ<u>ご案内してくださった</u>。**

私が主語になる「ご案内していただく」という謙譲語と、店長が主語になる「ご案内くださる」という尊敬語が混在した一文です。この場合、「店長が自分を案内してくれた」という意味の一文なので、「して」は不要。
尊敬の「ご〜くださる」で、「ご案内くださる」とするのが適切な表現です。

**応用フレーズ**

### 受付で**お待ちになってください**。

「お待ちください」と同じ意味ですが、尊敬語の「お〜になる」を使い「お待ちになってください」という表現の仕方もあります。

**応用フレーズ**

### 詳細については添付の資料を<u>ご参照ください</u>。

この一文でも謙譲の「ご〜する」と、尊敬の「ご〜ください」を混在させ、「ご参照してください」という間違いを起こしやすいので注意を。この一文では「参照」するのは相手なので、謙譲語を使う必要はありません。相手を敬う尊敬の「ご参照ください」が適切です。

**応用フレーズ**

### お取り扱いは十分<u>ご注意ください</u>。

この一文も謙譲の「ご〜する」と、尊敬の「ご〜ください」を混在させ、「ご注意してください」と間違いがちです。この場合も「注意」するのは相手なので、尊敬の「ご注意ください」が適切です。

---

### コラム　不要な「して」

　二つ以上の語をそれぞれ敬語にして、接続助詞「て」でつなげたものを「敬語連結」と呼びます。

　例えば、「ご案内してさしあげる」は「案内してあげる」の「案内する」を謙譲の「ご案内する」に、「あげる」を謙譲の「さしあげる」にしてそれぞれつなげた敬語連結です。

　しかし、左ページのNGフレーズで紹介した「ご案内してくださった」のように、本来不要な「して」を、敬語連結の「て」と取り違えて使うケースも見られるので注意が必要です。

# Q80 「されてください」という敬語は間違っている?

**A 解答**　「される」は「する」の尊敬語ですが、相手に行動を促す「〜ください」が付いて「〜されてください」となると、敬語として不自然です。

### 基本文例

> 次回の例会へ<u>参加なさいませんか</u>。
> お待ちしております。

## Point

「する」の尊敬語は「なさる」。相手に参加を促す場合は「なさってください」ですが、「なさいませんか」と問いかける形にすると表現が和らぎます。

### NGフレーズ 例会へ<u>参加されてください</u>。

「する」の尊敬語「される」に、相手の行動を促す「〜ください」を付けて「〜されてください」という表現は一見、敬語のようですが、間違った表現です。

### NGフレーズ 詳しくは担当者に<u>聞かれてみてください</u>。

「聞く」の尊敬語「聞かれる」に、相手に経験や行動を促す「〜してみてください」を続けた「聞かれてみてください」も上記同様、敬語としては不自然です。

### NGフレーズ 申込書に必要な情報を<u>書かれてください</u>。

尊敬語の「れる」＋「ください」で「書かれてください」としていますが、同じ尊敬語を使うなら「お書きください」の方が自然です。

**応用フレーズ**

### 所定の項目に必要な情報を<u>お書きになる</u>だけで手続きは完了です。

相手に書くことをお願いする場合は、尊敬の「お〜になる」を使い、「お書きになる」とします。あるいは「情報をご記入いただく」と書きかえることもできます。

**応用フレーズ**

### 詳しくは担当者に<u>お尋ねいただけますか</u>。

相手に「聞く」ことを促す敬語としては、「聞かれてみてください」ではなく、「聞く」の尊敬語「お聞きになる」＋「ください」で「お聞きになってください」が適切です。
ですが、「お尋ねください」という表現もスマートです。「お尋ねいただけますか」と問いかける形にすると、より和らいだ表現になります。

**応用フレーズ**

### 詳細な情報は Web サイトを<u>ご覧ください</u>。

見ることを相手に促す場合は「見られてください」ではなく、見るの尊敬語「ご覧になる」を使い「ご覧ください」とするとすっきりとして収まりがよいです。

**応用フレーズ**

### 遠慮なく<u>ご相談ください</u>。

「ご相談されてください」ではなく、尊敬の「ご〜ください」で「ご相談ください」と言い切る方が、特に相談に応じる姿勢を示す場合は適切です。

## One Point Lesson ④

# よく使う敬語を再確認

「行く」の尊敬語は「いらっしゃる」、「訪ねる」の謙譲語は「伺う」のように、敬語には特定の語形で表現するものがあります。正しく言いかえ、書きかえができているか、確認してみましょう。

|  | 尊敬語 | 謙譲語 |
| --- | --- | --- |
| ▶言う | おっしゃる<br>言われる | 申す<br>申しあげる |
| ▶聞く | お聞きになる<br>お聞きくださる | 伺う<br>拝聴する |
| ▶知っている | ご存じ（です）<br>お知りになる<br>知られる | 存じております<br>存じています<br>存じあげる |
| ▶知らない |  | 存じません<br>存じておりません |
| ▶思う |  | 〜と存じます |
| ▶見る | ご覧になる | 拝見する |
| ▶見せる | お見せになる | お目にかける<br>ご覧にいれる |
| ▶する | なさる<br>される | いたす |
| ▶いる | いらっしゃる<br>おいでになる | おります |
| ▶くれる | くださる<br>賜る |  |
| ▶もらう | もらわれる | 頂く<br>ちょうだいする<br>拝受する<br>賜る |
| ▶あげる | 与えられる<br>お与えになる | さしあげる<br>進呈する<br>献上する |

## あとがき

　2005年1月から「仕事美人のメール作法」というメールマガジンを配信し始めて、5年になります。ビジネスメールの適切な書き方や考え方をテーマに、私自身の経験や失敗を元にメールのよりよい書き方を追求してきました。

　私自身、メールを使い始めた当初は、1通のメールを書くのにも1〜2時間かかり、自己嫌悪に陥ったこともしばしば。メールにまつわる失敗や間違いも数知れず経験しています。

　ですが、場数を踏めば、適切な書き方というものがわかってくるので、メールを使い始めた10数年前に比べると、メールにかける時間は飛躍的に軽減しました。

　経験を通して言えることは、訓練を積めば、誰でも時間をかけず難なくメールが書けるようになるということです。

　ただ一つ大切なのは、「よりよいメールを書くにはどうしたらいいのだろう？」と常に考え、工夫をしていくこと。

　メールマガジン読者にも私と同じように「もっとよい表現はないだろうか？」「この表現はおかしいのではないだろうか？」と思考錯誤している人が多く、メールの書き方や表現について、この5年間に数多くの質問をいただきました。

　本書はそんな読者から寄せられた質問を元に、Q&A方式で、困ったときのメールの書き方や対処法をまとめています。

　ですから、あなたが日ごろ、メールのやり取りを通じて気になっていることと共通する疑問が本書で見つかるかもしれません。本書がそうした疑問が解決する糸口になれば、うれしい限りです。

　出版にあたり、あらためて「仕事美人のメール作法」読者の方と、最後まできめ細かな対応で本書を形にしてくださった編集者の田上理香子さんに心から感謝の言葉を贈ります。

　そして、「もう、好きにしんさい！」と突き放しつつ、最後まで応援してくれた夫と娘たちに感謝。おかげで、よい本ができました。ありがとう！

2010年1月　　神垣あゆみ

## 神垣あゆみ（かみがき・あゆみ）

広島県呉市生まれ。尾道短期大学（現・尾道大学）国文科卒業。
デザイン会社にコピーライターとして4年間在籍後、編集プロダクションに編集者として5年間在籍。
退職後、フリーランスのライターとして独立し、現在にいたる。広島を拠点に、官公庁冊子や企業の記念誌・社内報・PR誌など、印刷物や出版物の企画から編集、取材、執筆までを行っている。平日日刊で配信中のメールマガジン「仕事美人のメール作法」は「まぐまぐ！」の「ビジネス・キャリア」カテゴリで殿堂入りを果たす。著書に『考えすぎて書けない人のための1分間メール術』『メールは1分で返しなさい！』（ともにフォレスト出版）、『仕事で差がつく できるメール術』（青春出版社）がある。

**神垣あゆみ企画室**
http://www.kamigaki.jp/

**メールマガジン「仕事美人のメール作法」**
http://www.mag2.com/m/0000146166.html

**ブログ「ライター・カミガキ　臨機応変日記」**
http://kamigaki.blog.ocn.ne.jp/

## さらりと返せる、大人のメール表現334

2010年2月24日　初版発行

- ▶著　者　　神垣あゆみ
- ▶発行者　　新田光敏
- ▶発行所　　ソフトバンク クリエイティブ株式会社
  〒107-0052　東京都港区赤坂4-13-13
  電話　03-5549-1201（営業部）
- ▶ブックデザイン　　松 昭教（ブックウォール）
- ▶DTP　　アーティザンカンパニー
- ▶印刷・製本　　中央精版印刷株式会社

落丁本、乱丁本は小社営業部にてお取り替えいたします。定価はカバーに記載しています。
本書の内容に関するご質問等は、小社学芸書籍編集部まで書面にてお願いいたします。
©2010 Ayumi Kamigaki Printed in Japan ISBN 978-4-7973-5611-3